Dein Tier sagt es Dir

Dein Tier sagt es Dir

Geschichten und Tips zu einer glücklichen Mensch-Tier-Freundschaft

Aufgezeichnet von
Silke Schwinger und Franz Robben
unter Mitarbeit von Edmondo Taussig
Mit Vorworten von Susanne Michel und
Heinz Holecek.

Verlag Orac

Wien · München · Zürich

Die Autoren und Fachberater dieses Buches sind mit jenem Team ident, das die erfolgreiche ORF-Sendereihe „Tele-Vieh-Sion" (produziert von Interspot Film, Wien) gestaltet.

ISBN: 3-7015-0259-5

Schutzumschlag: Fritz Gnan
Foto auf dem Schutzumschlag: Effem, Bruck/Leitha
Layout: Claudia Griebsch
Satz: Interletter, Wien
Lithos: Andruck & Repro, Wien
Druck und Bindearbeiten: Wiener Verlag, Himberg bei Wien

Inhaltsverzeichnis

Ihr Menschen – redet mit uns Tieren

Ihr sagt: „Gassi, Sitz und Platz!“
Ihr sagt: „Du Katze, ich bin traurig, komm, laß dich streicheln.
Du Hund, lauf mit mir, ich brauche Bewegung.
Das ist mein Sessel und bleibt mein Sessel! Ich bin der Herr im Haus!
Verstanden? Okay, bleib sitzen, ich nehme den anderen!“

Ihr redet und seid überzeugt, daß wir euch verstehen!
Und vielleicht seid ihr ganz froh, daß wir nicht zurückreden.
Aber wir könnten, wenn wir wollten.
Wir sprechen alle Sprachen dieser Welt!

Wenn wir wollen – Jetzt wollen wir –
für die Dauer eines Buches!

Heinz Holecek

Mein Poldi

Mein Hund Poldi und ich haben viel Gemeinsames. Das reicht vom Musikhören (Vorliebe für Mozart und Schubert) bis zum Fußballenthusiasmus, von bestimmten bevorzugten Gegenden im Wienerwald, die wir auf unseren Wanderungen regelmäßig besuchen, bis zu bestimmten Speisen. Eine große Rolle spielen da die Kutteln! Hunde lieben ja Kutteln sehr, das ist nichts Neues. Bei Menschen ist das häufig etwas anderes. Ich persönlich bin hingegen ein ausgesprochener Kuttelfan.

Wenn Poldis vom Frauerl liebevoll bereitetes Fressen im großen Topf dem Garwerden entgegenköchelt, kann ich mich manchmal nicht zurückhalten und koste ein wenig von dem schon optisch einem Menschenessen sehr ähnlichen, verführerisch duftenden Kuttel-Fleisch-Gemüse-Reis-Eintopf. Aber, keine Angst, ich nehme dem Poldi schon nichts weg, denn Frauerl hat genug eingekauft, so daß auch für das Herrl ein ausreichender Kuttelhappen abfällt.

Kammersänger Heinz Holecek mit seinem Rottweiler Poldi.

Foto: Michael Horowitz, Wien

Dann schmausen wir beide — Poldi und ich — selbstvergessen das doch ein wenig unterschiedlich zubereitete gleiche Fressen und werfen uns nur dann und wann einen genießerischen, wissenden Blick zu. Und wenn mein termingespickter Tag es zuläßt, lege ich mich nach dem Mahl zu einer kurzen Mittagsrast aufs Sofa. Poldi springt zu mir, legt seinen dicken Kopf auf meine Brust, und dann träumen wir „im Halbschlaf schmatzend" (Aussage meiner Frau) von den nächsten gemeinsamen Unternehmungen. Da ist dann die Welt wieder heil und alles so, wie unserer Meinung nach eine gute Tier-Mensch-Ehe sein soll: niemals getrennt von Tisch und Bett . . .
Aber nebst dem Anspruch auf ordentliche Kost, gutes Quartier und eine Erziehung, die es dem Tier ermöglicht, sein Leben in ordnungsgemäß geregelten Bahnen zu entfalten, hat der Hund (Ihr Hund, Ihr Schützling) als eindeutiger Seelenbesitzer auch das Recht auf Beachtung und Pflege seines inneren Wesens, Anspruch auf Beachten und Bemerken dessen, was er einem mitteilen möchte! Wenn man sich nur etwas Mühe gibt, kann man an so vielen kleinen Regungen in den Augen, an so vielen Nuancen der Körpersprache so vieles ablesen und erfahren — aus vielen deutbaren Lauten vieles heraushören!
Apropos deutbare Laute! Es gab da vor einiger Zeit ein kurioses Erlebnis mit meinem Rottweiler Poldi. Ich könnte wetten, daß er mir damals bei jener Fußballmatchübertragung im TV ganz dringend etwas sagen wollte. — Rapid spielte gegen einen ausländischen Klub und war soeben durch eine offensichtliche Fehlentscheidung des Schiedsrichters kraß benachteiligt worden. Aufgeregt sprangen mein Sohn und ich — beide alte Rapidler — von den Sitzen, Poldi mit uns. (Auch er „ist Rapid" — natürlich so wie seine beiden Herrln — und erkennt die „Grünen" schon an den Leiberln, bellt freudig, wenn er ihrer auf dem Fernsehschirm ansichtig wird!) — Jetzt bellte, schrie er förmlich wütend in den Apparat. Wir beruhigten ihn und uns! Rapid verlor das Match knapp, und mein Sohn und ich saßen noch heftig diskutierend beisammen, der Hund zwischen uns — mit glühenden Augen. Sein vor Erregung angeschwollener Sulzkopf flog von einem zum anderen! Und plötzlich brach's aus ihm heraus, aber kein Bellen im herkömmlichen Sinne war zu vernehmen, es waren unbeschreibliche Laute, die wie undeutlich hervorgepreßte Worte klangen. Etwa so: „Uah — mndsch mua nix suma monahr — lauah oualiakum . . .",

ca. 15 Sekunden lang. Dann verstummte er schlagartig und sah uns gespannt ins Gesicht. Mein Sohn und ich starrten einander einen Moment lang fassungslos an, brachen aber dann in schallendes Gelächter aus: der Poldi hat ja sprechen wollen!!! Poldi selbst hatte sich, durch unser Gelächter scheinbar etwas beleidigt, zur Tür begeben, drehte sich dort, quasi achselzuckend, zu uns um, so als wollte er sagen: „Ihr verstehts mich nicht, aber ich bin ganz eurer Meinung, Burschen!" — und marschierte ins Vorzimmer. Ob sein Statement nun auf rottweilerisch so etwas wie „So eine Schweinerei von dem Scheißschiedsrichter" oder aber (was ich fast glauben könnte) ganz einfach „Das war was Furchtbares, aber kränkt's euch nicht, bald werdet ihr wieder lachen" geheißen hat, ist nicht ganz erwiesen. Sicher aber scheint mir, daß es da bestimmt noch allerhand zu forschen gäbe für die Wissenschaft, im Zusammenhang mit Hundeseele und Hundehirn.
Die Urlaut-„Rede" beim Fußballmatch ist jedenfalls Poldis einstweilen einzige Ansprache geblieben. Ein paar Mal hat er vielleicht ein bisserl zu ähnlichen Äußerungen angesetzt, und einmal in der Nacht bildete ich mir sogar ein, von ein paar „bizarren" Worten meines Hundes erwacht zu sein. Vielleicht aber hatte ich doch nur geträumt davon, daß wir einmal einander wirklich alles sagen können!
Vielleicht werden wir nie ganz in dieses Geheimnis vordringen können. In familiärem Schutze jedenfalls und in der Geborgenheit einer gemütvollen und bemühten Zuwendung wird sich Ihr Hund, Ihr Schützling, in Dankbarkeit geachtet fühlen und kann zu großer Form der Mitteilsamkeit auflaufen.
Und reden Sie dann mit ihm. Erzählen Sie ihm richtig etwas — so wie einem Kind! Und hören Sie ihn auch an, *spüren* Sie ihn wiederum. — Allein darüber, was Poldi beispielsweise an Mimik in seinem fleischigen Pelzgesicht zu produzieren imstande ist, ließe sich eine lange Geschichte erzählen.
Beschäftigen Sie sich also, *reden* Sie so oft wie möglich mit Ihrem schutzbefohlenen Gefährten. — Er kann halt nicht sprechen, aber er hat viel zu sagen!

Susanne Michel

Katzengespräche

Ob ich glaube, daß Tiere sprechen können? Aber selbstverständlich! Meine Katze hat unendlich viele Ausdrucksformen, sich mir verständlich zu machen. Mit ihrer Stimme, ihren Bewegungen, ihren Augen und Ohren — wenn ich das mit der Sprache von uns Menschen vergleiche, so sind wir eigentlich fast wortkarg gegen sie.
Aber was noch wichtiger ist: meine Katze kann wunderbar zuhören. Und sie reagiert wie ein Seismograph auf meine Stimmungen. Was mich immer wieder fasziniert: Sie weiß, ohne daß ich ein Wort sage, wie mir zumute ist. Und das innerhalb von Sekunden. Wenn ich zum Beispiel Ärger hatte und mit schlechter Laune nach Hause kom-

Susanne Michel, charmante Präsentatorin der Tele-Vieh-Sion, mit ihrem süßen Schmuse-Kätzchen. — Foto: Carla Schwab, Wien

me, so weiß sie schon bei meinem ersten Schritt ins Vorzimmer, was mit mir los ist. Dann gibt es von ihr nur eine kurze Begrüßung, nicht mehr als gerade Höflichkeit — und sie geht mir aus dem Weg, bis ich mich beruhigt habe.
Nun kann man das dem Egoismus der Katzen zuschreiben — für mich ist es aber eine Art Erziehung des Menschen zu Selbstdisziplin. Ganz deutlich sagt sie mir damit: „Deinen Ärger, den ich nicht verursacht habe, laß gefälligst draußen vor der Wohnungstür. Stör damit nicht meinen und deinen Frieden!"
Und sie schafft es damit immer, daß ich wieder zu meiner Ausgeglichenheit finde — ist das geschehen, findet sie sich sofort bereit, mit mir zu spielen und zu schmusen. Wenn sie danach schnurrend auf meinem Schoß sitzt und mich ansieht, dann weiß ich, was sie mir sagt: „Jeder Tag, den du mit schlechter Laune verbringst, ist ein verlorener. Freu dich über dein Leben — und über mich!"
Und das tue ich — wie alle Katzenbesitzer, die ich kenne. Denn ich bin fest davon überzeugt, das Zusammenleben mit einer Katze und die Gespräche mit ihr ersetzen jede Psychiater-Couch. Wieviel angenehmer ist es doch, sich mit seinem Glück auf vier Pfoten auf dem Sofa zusammenzukuscheln, die Seele baumeln zu lassen und einfach zufrieden zu sein!

Gerda, Tricolore-Spaniel, zwei Monate alt:

Gerda ist ein blödsinniger Name für eine Hündin. Meine Züchterin hat ihn mir gegeben. Mein Bruder heißt Gustav. Noch schlimmer! Aber zu ihm paßt er. Gustav ist faul und verfressen. Als Spielgefährte völlig nutzlos. Er liegt den ganzen Tag herum und fixiert die Küchentür, durch die zweimal am Tag die Futterschüsseln herausgetragen werden. Kein Zwicken in sein schlappes Hängeohr kann ihn zum Toben durch den Garten animieren. Er grüßt schon morgens mit „Mahlzeit“, und mit diesem Wort auf der Schnauze geht er abends schlafen. Im Traum schmatzt er und macht glückliche Kaubewegungen.
Heute ist ein großer Tag — die ersten Käufer für unseren Wurf werden erwartet. Ich bin neugierig und fest entschlossen, nicht jeden zu nehmen. Schließlich soll man so eine Verbindung, die ein Hundeleben lang dauert, nicht leichtfertig eingehen. Die Menschen müssen zu mir passen — freilich, man kann sie sich ein wenig erziehen, aber es ist eine Illusion, seinen Partner vollkommen ändern zu können. Also muß man seine Wahl schon wohlüberlegt treffen. Am idealsten wäre die berühmte Liebe auf den ersten Blick. Wenn man sich in die Augen schaut und es „klick“ macht!
Da kommt schon der erste — was heißt „kommt“! Er rollt in unseren Garten wie ein Medizinball. Freundlich, aber schnaufend. Länger als eine Stunde kriegt den kein Hund zum Gassi-Gehen! Er sieht mich an, lächelt und nickt. Um Gottes willen! Ich beginne wie ein geölter Blitz über den Rasen zu rennen. Hin und her, und springe jedes Mal vor seinen Beinen ein paar kleine Salti. Sein Gesicht wird nachdenklich, ich lege noch einen Zahn zu und springe mit allen vier Beinen gleichzeitig in die Luft. Bedauern malt sich in seinen Zügen — und da fällt sein Blick auf den friedlich daliegenden Gustav! Er zieht ein Stück Hundekuchen aus der Rocktasche und beugt sich zu ihm hinunter. Gustav schnuppert, öffnet ein Auge, schluckt, schmatzt, wedelt — und erhebt sich. Seit seiner Geburt die schnellste Abfolge so vieler Aktivitäten hintereinander. Glücklich ziehen die beiden ab. Sie haben sogar den gleichen Gang!
Und dann kommen „sie“! Vater, Mutter und ein kleines Mädchen! Und es macht „klick“! Die Kleine und ich laufen aufeinander zu, sie

breitet die Arme aus, ich springe an ihr hoch, dann rollen wir beide lachend und quietschend durch das Gras. Die Eltern lächeln und fragen die Züchterin nach meinem Namen. Ich schäme mich ein wenig, denn Gerda ist doch wirklich — „Kein Name für eine so süße Hündin!" sagt die Mutter.
„Ich nenne dich ‚Lady'", ruft das Mädchen. „Einverstanden?" Ich gebe ihr einen feuchten, festen Kuß auf die Kinnspitze. Ich liebe sie!
„Es wird dir bei uns gefallen!" sagt der Vater und krault mein linkes Ohr.
Na klar, logisch, weiß ich doch — darum habe ich euch ja ausgesucht!

Ratschläge zur richtigen Auswahl des geeigneten Hundes zu erteilen, ist so ähnlich, wie Menschen Tips zur Wahl des Lebenspartners zu geben. Es gibt Idealvorstellungen, die man vielleicht seit seiner Kindheit mit sich trägt; und es gibt die Vernunft, die zu diesen Wünschen durchaus im Gegensatz stehen kann. Natürlich ist eine Kleinwohnung für einen Neufundländer oder einen Bernhardiner, der hier bei jedem glücklichen Schwanzwedeln an ein Möbelstück anstößt, nicht der optimale Platz. Andererseits aber, wenn der Besitzer dem Tier genügend Auslauf und lange Spaziergänge bietet, so können beide durchaus glücklich miteinander werden.
Führen zu Ihrer Wohnungstür viele Stufen, so muß Ihnen klar sein, daß kurzbeinige Hunderassen, wie zum Beispiel Dackel, auf die Dauer durch ständiges Treppensteigen gesundheitliche Schäden nehmen können. Ist dennoch ein Dackel der erträumte Wunschhund, dann werden Sie ihn eben auf- und abwärts tragen müssen.
Das einzige, das Sie wirklich bedenken sollten: Die Anschaffung eines Hundes bedeutet für 10 bis 15 Jahre die Verantwortung für ihn zu übernehmen. Zehn Jahre Glück — oder Probleme, es liegt allein am Menschen, der vor der Wahl seines vierbeinigen Partners eine ehrliche Bilanz aufstellen sollte: Kann ich dem Hund die für ihn richtigen Lebensumstände bieten? Zeit, Zuwendung und die Bereitschaft, ihm genügend Bewegung zu schaffen — und das bei jedem Wetter? Wenn ja, dann steht dem Menschen- und Hundeglück nichts mehr im Wege!

Medizinische Tips

Ernährung des jungen Hundes: Junge Hunde wachsen schnell. Dieser Umstand stellt schon allein hohe Forderungen an Qualität und Quantität des Futters. Bis zum fünften/sechsten Lebensmonat sollten drei bis vier Mahlzeiten täglich gegeben werden. Diese bestehen aus zwei Teilen hochwertigem Fleisch (z. B. Rind oder Huhn) und einem Teil Kohlenhydrate (Flocken, Reis, Nudeln und Gemüse) sowie der vom Tierarzt verordneten Kalzium- und Vitaminmenge. Selbstverständlich kann man auch ein speziell für wachsende Tiere hergestelltes Fertigfutter verwenden, in dem bereits alle Vitamine und Aufbaustoffe im richtigen Verhältnis enthalten sind, wie z. B. Pedigree Pal Junior.
Verdauungsstörungen können in dieser Zeit Spätfolgen nach sich ziehen und sollten deshalb rasch abgeklärt und behandelt werden.
Selbstverständlich muß man bei der Ernährungsmenge auf gewisse Unterschiede Rücksicht nehmen: Je lebhafter und größer das Tier, um so mehr Futter wird es brauchen. Ein erfahrener Züchter oder Ihr Tierarzt wird Sie gerne beraten.
Kuhmilch sollte nicht gefüttert werden, da der Verdauungsapparat des Hundes dafür nicht ausgerüstet ist.

Noch ein Tip: Da Hunde meistens ihr Essen verschlingen, ist es bei großen Hunderassen (Doggen, Bernhardiner, Rottweiler usw.) empfehlenswert, nach der Nahrungsaufnahme eine Ruhepause zu gewähren, da bei zu heftigem Herumtollen bei vollem Magen die Gefahr einer Magendrehung besteht.

Impfungen: In den ersten 48 Stunden ihres Lebens erhalten Welpen die notwendigen Antikörper gegen Infektionskrankheiten durch die Muttermilch. Diese Abwehrstoffe halten maximal 6 bis 8 Wochen. Man kann die folgende Übergangszeit mit Antikörpern, die in einer passiven Impfung enthalten sind, überbrücken. Diese Impfung wird als Babyimpfung bezeichnet. Um die neunte Woche fängt man mit dem Aufbau der eigenen Immunität, mit einer aktiven Impfung an.
Genau wie bei uns Menschen muß auch bei unseren Tieren der Grundsatz gelten: Vorbeugen ist besser als heilen! Die nun folgende Aufzählung der Infektionskrankheiten eines Hundes soll Sie daher nicht erschrecken, sondern zur zeitgerechten Impfung Ihres Vierbeiners motivieren.

1. **Staupe:** Virusbedingte Erkrankungen verschiedener Organe:
   a) Katarrh der Schleimhäute von Nase, Augen, Lunge mit eitrigem Nasen- und Augenausfluß und starkem Husten.
   b) Darmstaupe mit schwerem Erbrechen und Durchfall.
   c) Nervale Staupe: Schwere Erkrankung des zentralen Nervensystems, verbunden mit Zittern, Krämpfen und Lähmungen.

2. **Infektiöse Leberentzündung:** Fieberhafte, virusbedingte Erkrankung der Leber.

3. **Parvovirose:** Sogenannte Katzenseuche des Hundes. Virale Erkrankung des Darmes und des Herzmuskels. Meistens blutiger Durchfall und Erbrechen — bei Nichtimpfung oft tödlich verlaufend.

4. **Zwingerhusten:** Virale Erkrankung der oberen Luftwege.

5. **Stuttgarter Hundeseuche:** Bakteriell bedingte Erkrankung, hauptsächlich der Niere und anderer Organe.

6. **Tollwut:** Virusbedingte Erkrankung des Nervensystems. Diese Krankheit ist auch auf Menschen übertragbar. Die Impfung muß einmal jährlich erfolgen.

Für die Gesundheit unseres Hundes und aus hygienisch bedingten Gründen im Zusammenleben mit dem Menschen sollen Hunde regelmäßig entwurmt werden. Beim Welpen ermöglicht eine mehrmalige *Entwurmung* gegen den Spulwurm ein gesundes Wachstum. Diese Behandlung sollte immer in Absprache mit dem Tierarzt erfolgen, der das richtige Medikament in der vorgeschriebenen Dosierung verordnet.

Aufmerksam verfolgt schon der ganz junge Hund vom sicheren Körbchen aus seine kleine Welt. — *Foto: IDH, Hamburg*

Fips, Havanna-Kater, vier Monate alt:

Der junge Mann, der mich in der Tierhandlung aus einer riesigen Anzahl von Katzen — präzise gesagt waren wir drei — ausgewählt hat, scheint einigermaßen in Ordnung zu sein. Eine angenehme Stimme, ruhige Bewegungen, Gelassenheit bewahrend, selbst als ich ihn aus Nervosität ein wenig gekratzt habe, als man mich in den Transportkorb stopfte — also die Grundansprüche, die ich an einen Menschen stelle, erfüllt er. Werden sehen, ob er meinen weiteren kritischen Überprüfungen standhält. Damit meine ich nicht, daß ich materiellen Luxus erwarte — das Auto, in dem wir jetzt in die Wohnung fahren, ist ein ziemlich alter Kübel. Das nehme ich ihm nicht übel, in Autos lebt man als Kater ja nicht. Übrigens, haben Sie die feinsinnige Formulierung beachtet: in „die" Wohnung fahren? Noch ist er nämlich der Meinung, es wäre seine — sollte sie mir zusagen, ist es binnen kürzester Zeit die meine! Aber ich bin großzügig, ich werde ihm selbstverständlich erlauben, weiter darin zu wohnen!

Nun ja, jetzt sind wir da, er öffnet den Korb und wartet — davor. Ich warte ebenfalls — darin! Denn wir wollen doch gleich klarstellen, die Entscheidungen über meine Schritte — wann, wohin und wie —, die treffe ich.

Er bleibt still. Ich hake in Gedanken einen weiteren Punkt auf meiner Testliste ab. Positiv! Er hat Geduld. Also lasse ich mich herab, die Räume zu inspizieren. Eine Studentenwohnung — Bücherstapel am Schreibtisch und am Boden — gerade weit genug, daß man von einem zum anderen springen kann. In Ordnung! Das Sofa ein wenig schäbig, aber weich und mit Polstern für meine Siesta. Akzeptiert. Ein Kratzbaum daneben — durchaus möglich, daß ich dieses Ding auch gnädig zum Schärfen meiner Krallen benütze. Katzengitter an den Fenstern — der junge Mann hat für einen Menschen ganz gute geistige Anlagen. Ich kann mir durchaus vorstellen, daß er sich unter meiner Führung noch weiter entwickelt.

Aber halt! Mein Katzenklo hat er auf sein stilles Örtchen gestellt! Tut mir leid, dafür kriegt er einen Minuspunkt! Ich denke nicht daran, mich als Zirkusakrobat zu produzieren und jedesmal auf die Türschnalle zu springen, wenn mich ein katerliches Bedürfnis über-

Nimmt der Besitzer den Individualismus, die Eigenständigkeit der Katze in Kauf, so ist sie ein idealer Hausgenosse. — Foto: VDK, Hamburg

kommt. Das werden wir sofort klären. Ich maunze kläglich, schreite in ein stilles Eck im Vorzimmer und drehe mich dreimal im Kreis. Er begreift nicht sofort. Du meine Güte! Muß ich wirklich so weit gehen, ihm augenfällig zu zeigen, was ich will? Nein, jetzt hat er es kapiert und trägt eilig die Kiste herbei.
„Verstehe", sagt er. „Da willst du sie haben!" Genau, mein Lieber! Wenn du weiter so lernfähig bist, werden wir gut miteinander zurechtkommen. Es läutet an der Wohnungstür, ein Menschenmädchen taucht auf. Sie geben sich einen so langen Kuß, daß sich mir die Ohren anlegen. Von Dreier-Beziehungen halte ich nicht viel! Dann löst sich das Mädchen von ihm und sieht mich an. Ich starre zurück und mache einen Katzenbuckel erster Stufe — also noch andeutungsweise, aber doch erkennbar. Wenn sie jetzt nach mir grapscht — wozu weibliche Wesen bedauerlicherweise neigen —, wird sie Probleme bekommen!
Aber sie läßt sich in einem Respektabstand vor mir auf den Boden nieder und sagt mit gebotenem Ernst: „Guten Tag, Kater Fips!" Alle Achtung! Sie weiß, was sich gehört. Ich stelle die Ohren wieder auf und gehe langsam auf sie zu. Ganz zart streicht sie über meinen Rücken. Gut!
„Du bist der schönste Kater, den ich je gesehen habe!" sagt sie. Das weiß ich doch, aber man hört es trotzdem gern. Ich beginne zu schnurren — die beiden sind in Ordnung. Wenn sie so bleiben, werden sie es gut bei mir haben!

Eine Studie des Psychologischen Instituts der Universität Bonn hat untersucht, *wie positiv sich das Halten einer Katze auf die Lebensqualität des Menschen* auswirkt — und kam zu dem interessanten Schluß, daß die enge Freundschaft mit der vertrauten Katze das menschliche Immunsystem stärkt und daher die Lebenserwartung verlängert.
Nimmt man den Individualismus der Katze nicht nur in Kauf, sondern schätzt man ihn sogar als Eigenständigkeit, so ist sie ein idealer Hausgenosse. Sowohl für Familie mit Kindern, denn sie ist ein phantasievoller Spielgefährte, wie auch für ältere Menschen, stellt sie doch an den körperlichen Einsatz nicht so hohe Ansprüche wie der Hund, mit dem man regelmäßig Bewegung machen muß — genauso wie für Berufstätige. Denn die Katze kann viele Stunden in der Wohnung alleingelassen werden. Sie ist überhaupt ein Wohnungstier, das an seiner vertrauten Umgebung hängt. Deswegen sind Urlaube ihrer Besitzer auch ein geringeres Problem als bei Hundehaltern. Hat man eine Vertrauensperson, die einmal am Tag Füttern kommt, ist die Katze durchaus zufrieden, zu Hause zu bleiben. Eine Lösung bieten hier auch Katzensitter-Clubs, die es schon in vielen Orten gibt. Hier haben sich Katzenbesitzer zusammengeschlossen, die auf Gegenseitigkeit die Tiere betreuen.
Noch ein Punkt in der deutschen Studie, der bemerkenswert ist: Die Katzenbesitzer haben übereinstimmend ausgesagt, daß die Anwesenheit einer Katze, ihre beruhigende Ausstrahlung, die Wohnung behaglicher macht!

Medizinische Tips

Ernährung der jungen Katze: Junge Katzen wachsen sehr schnell. Oft erreicht die Gewichtszunahme pro Woche 70 bis 100 Prozent. Mit der Zufütterung sollte man schon früh beginnen, das heißt ungefähr in der dritten/vierten Lebenswoche. Da sich Ernährungsfehler in dieser Zeit drastisch auswirken können, sollte man hohe Ansprüche an die Qualität, biologische Wertigkeit und Verdaulichkeit des Futters stellen: Zwei Drittel hochwertiges Fleisch mit einem Drittel Beifutter, wie Flocken, Reis und Gemüse, werden mehrmals täglich gefüttert. Wichtig ist die Beigabe von Vitaminen und Mineralstoffen. Die zusätzliche Fütterung von Kalzium ist von der Qualität der dargebotenen Nahrung abhängig. Praktisch ist die Fütterung mit gutem Fertigfutter (wie zum Beispiel Whiskas für Katzenkinder), das speziell für die Bedürfnisse junger Katzen abgestimmt ist. Eine gesunde Jungkatze ist immer bei gutem Appetit und freut sich auf die nächste Fütterung.

Impfungen: Katzen sind für virale Infektionskrankheiten sehr empfänglich. Deshalb ist es unbedingt notwendig, mit Schutzimpfungen vorzubeugen. Diese beginnen schon im Welpenalter von ca. sechs Wochen, wo man mit einer passiven

Selbstverständlich muß ein Hund, der mit uns in Gemeinschaft lebt, erzogen werden. Zu unserem Wohle, zu seiner Sicherheit. — *Fotos: IEMT (Konrad Lorenz Kuratorium)*

Eine richtige Mensch-Tier-Beziehung kann für beide zum beglückenden Erlebnis werden. — *Foto: IEMT*

Impfung den mütterlichen Antikörperschutz gegen die Katzenseuche verlängert. In der 8. bis 9. Woche wird mit der aktiven Immunisierung begonnen. Hier empfiehlt sich eine Kombinationsvakzine gegen Katzenseuche und Katzenschnupfen. Diese Impfung muß im ersten Jahr nach 3 bis 4 Wochen wiederholt werden. Die Impfung gegen Katzenleukose ist in der Grundimmunisierung nach drei bis vier Wochen einmal zu wiederholen.
Katzen, die auch ins Freie gelangen, sollten unbedingt gegen Tollwut geimpft sein.

Gegen folgende Krankheiten können wir unsere Katzen durch Impfungen schützen:

1. Katzenseuche: Virusbedingte, fieberhafte Durchfallerkrankung.

2. Katzenschnupfen: Katarrh der Schleimhäute, des Kopfes und der oberen Luftwege.

3. Leukose: Infektionskrankheit, die eine Schwächung des Immunsystems hervorruft.

4. Tollwut: Virusbedingte Erkrankung des Nervensystems. Auch auf den Menschen übertragbar.

Alle diese Impfungen müssen einmal jährlich aufgefrischt werden, damit ein ausreichender Antikörperspiegel gegen die häufigsten Infektionskrankheiten erzielt wird.

Riff, Deutsch-Kurzhaar-Rüde, sechs Monate alt:

Dreimal hat mich Frauchen gebürstet und genauso oft bedeutungsvoll gesagt: „Heute ist dein erster Schultag! Aber keine Aufregung, es wird schon alles gutgehen!" Daraufhin läßt sie ihre Handtasche fallen, stolpert über meine Leine und vergißt die Wohnungstür zuzusperren. Was ist los mit der Frau, die sonst von fast tierischer Nervenstärke ist? Und dann, auf einem großen, eingezäunten Platz, wird mir alles klar. Zehn Hundebesitzer beiderlei Geschlechts stehen da, die Hälfte von ihnen in ähnlicher Verfassung wie meine Menschendame, die übrigen spielen auf cool, aber meinem feinen Instinkt können sie nichts vormachen. Auch sie sind aufgeregt.
Anders meine Kollegen Junghunde. Die haben, genauso wie ich, einfach tierischen Spaß daran, daß sich so ein Haufen Gleichaltriger trifft. Jeder von einer anderen Rasse und Größe. Typen sind dabei, das ist zum Im-Gras-Wälzen! Henry, ein schneeweißer Terrier mit einer blauen Masche um den Hals. Er sieht aus wie ein Sängerknabe beim ersten Vorsingen. Sein Herrchen ermahnt ihn ständig, sich nicht schmutzig zu machen. Henry sucht sich eine prächtige Pfütze und hüpft genußvoll hinein. Dann stürzt er sich auf Mitzi, ein Spitzweibchen, unschuldsweiß und wohlgekämmt; sie kreischt anstandshalber, das aber nur kurz — und binnen Sekunden haben beide eine prächtige Schlammfarbe. Schade, daß in diesem Moment der Lehrer auftritt, ich hatte schon gehofft, die beiden Besitzer würden ebenfalls übereinander herfallen.
Die Unterrichtsstunde beginnt. An der Leine bei Fuß gehen. Neun Hunde zerren ihre Menschen in neun verschiedene Richtungen. Die Leinen verwickeln sich, wir kläffen vor Vergnügen! Nur Moritz, ein Berner Sennenhund, trottet brav neben seinem Herrn her. Scheint, der will auf Vorzugsschüler machen! „Streber!" belle ich und zwicke ihn in sein Hinterteil. Er macht einen Sprung nach vorn, sein Herrchen kippt dabei fast aus den Schuhen. Kleopatra, ein attraktives Schäfermädchen, findet mich toll und wirft sich vor Begeisterung auf den Rücken.
Ich liebe Hundeschule — mein Frauchen amüsiert sich leider nicht so blendend wie ich. Sie ist knallrot im Gesicht und keucht. Außer-

Sehr lauffreudig ist der kinderfreundliche Irish Terrier. In seiner Heimat nennt man ihn respektvoll auch „Teufelskerl". — Foto: IDH, Hamburg

Der Basset ist ein sehr treuer Hund, allerdings — weil intelligent — sehr eigenwillig. Er liebt Familie, braucht aber liebevoll-konsequente Erziehung.
Foto: IDH, Hamburg

Der Boxer ist ein verspielter Hund und daher — wenn gut erzogen — ein richtiger Spielgefährte für unsere Kinder. — *Foto: IDH, Hamburg*

dem verwechselt sie immer die Richtungen. Wenn der Lehrer „links“ kommandiert, marschiert sie nach rechts. Arme Person! Ich beschließe, ihr ein wenig zu helfen und führe sie zwei Runden im Kreis herum. Na bitte, das schafft sie sogar! Dann üben wir „Anhalten“ und sollen uns dabei hinsetzen. Ich kann Frauchen im letzten Augenblick abhalten, sich selbst ins Gras zu setzen. Total verwirrt, das arme Menschlein! Dann befiehlt der Lehrer „Platz!“ Dazu habe ich keine Lust. Ich bin nicht müde, ich will Action und springe an der Meinigen hoch. Zuerst bittet sie mich zu folgen, dann, auf Anraten des Lehrers, zieht sie meine Pfoten sanft nach vorne und versucht mich niederzudrücken. Ah, wir wollen unsere Kräfte messen? Ich liebe Ringkämpfe, besonders wenn ich gewinne! Und das tue ich in diesem Fall eindeutig — jeder Ringrichter würde mir den Sieg zusprechen. Frauchen liegt flach am Bauch, und ich stehe wedelnd neben ihr.
„Das nächste Mal“, sagt der Lehrer, „wird’s schon besser klappen!“ Das nächste Mal? Super, es geht weiter! Ich freue mich schon drauf. Und mein Frauchen wird’s auch noch begreifen. Man lernt nicht für die Schule, sondern für ein Hundeleben!

Selbstverständlich muß ein Hund, der mit uns in einer Gemeinschaft lebt, erzogen werden. Zu unserem Wohle — und zu seiner eigenen Sicherheit. Das beginnt bei der Sauberkeit im Welpenalter. Hier gibt es eine einfache Regel, den Hund daran zu gewöhnen: ihn nach jeder Fütterung und nach dem Schlaf ins Freie bringen. Wenn Sie das konsequent durchführen, wird er bald zimmerrein sein. Aber bitte, haben Sie in dieser Zeit Geduld mit ihm! Schlagen oder gar die Schnauze in das kleine Malheur zu stecken, bringen keinen Erfolg. Ganz im Gegenteil: der Hund wird dadurch verängstigt, kann handscheu werden, und im schlimmsten Fall beginnt er, seinen Besitzer zu fürchten. Ähnlich wie bei einem kleinen Kind, wirken sich Fehler, die man in dieser Zeit begeht, das ganze spätere Leben aus. Also: Konsequenz und sehr viel Liebe sollten das Motto der Erziehung sein.

Natürlich können Sie Ihrem Hund die Grundregeln des Benehmens selbst beibringen, wie: bei Fuß gehen, Sitz und Platz und auf Pfiff oder Ruf zu Ihnen zu kommen.

Aber Sie und Ihr Vierbeiner können sich auch den Fachleuten einer Hundeschule anvertrauen. Ihr Hund wird Spaß daran haben, mit Gleichaltrigen zusammenzukommen — und in Gemeinschaft lernt es sich nun einmal leichter. Zu empfehlen sind die Abrichteplätze des ÖKV (Österr. Kynologen-Verband), überall in Österreich. Hier unterrichten ausgebildete Trainer, es gibt Welpenkurse, Anfängerkurse und Lehrgänge für Fortgeschrittene, ebenso wie Training für Agility. — Bei Agility machen Hund und Besitzer gemeinsam die Übungen. In einem Parcours müssen verschiedene Hindernisse absolviert werden.

Neben dem Unterricht geben Ihnen die hundeerfahrenen Trainer auch Tips und Übungen für zu Hause mit.

Alles, was Sie und Ihr Hund bei einer guten Ausbildung lernen, dient seiner und Ihrer Sicherheit — vor allem im Straßenverkehr. Was nie geschehen sollte, ist ein Scharfmachen des Hundes! Ein Hund ist keine Waffe für seinen Besitzer, sondern ein Gefährte. Und kein Hund ist von sich aus aggressiv — er wird erst von verantwortungslosen Menschen dazu gemacht!

Medizinische Tips

Erste Läufigkeit: Für viele Besitzer junger Hündinnen bringt das Frühjahr ein kleines Problem: die erste Läufigkeit des Tieres. Bedingt durch den intensiveren und auch längeren Sonneneinfall, wird die Gehirnanhangdrüse angeregt und kann das Auftreten der ersten Läufigkeit einer jungen Hündin früher als erwartet eintreten lassen.

Die Läufigkeit ist die Zeit der Paarungsbereitschaft einer Hündin. Normalerweise tritt sie, je nach Rasse verschieden, zum ersten Mal zwischen dem siebenten und

Keine Angst vor zwei Katzen im gleichen Haushalt: zu zweit lebt sich's auch bei Kätzchen wohler. — *Foto: VDK, Hamburg*

dem zehnten Lebensmonat auf. Charakteristisch ist die Veränderung des Verhaltens. Die Hündin wird am Anfang der Läufigkeit sehr anhänglich, ist aber in der sogenannten Stehzeit. Das ist jene Zeit, in der sie bereit ist, den Rüden zu akzeptieren. Jetzt neigt sie auch eher zum Weglaufen, da sie einen Partner sucht. Appetitlosigkeit kann festgestellt werden. Durch häufiges Urinieren, wobei im Harn verschiedene Stoffe ausgeschieden werden, wird dem Rüden die Paarungsbereitschaft angezeigt. Das äußere Genital schwillt an, und ein rötliches Sekret wird ausgeschieden. Normalerweise tritt die Läufigkeit zweimal im Jahr auf und dauert jeweils ungefähr drei Wochen. Das erste Mal ist sie meist kurz und so unscheinbar, daß der Besitzer sie übersehen kann — was jedoch dem Rüden des Nachbarn sicher nicht passiert!

Kleine Hautverletzungen: Bei lebhaften Hunden oder bei einer auf Hundeart ausgetragenen Meinungsverschiedenheit können immer wieder kleine Verletzungen auftreten. Bei der Versorgung ist daran zu denken, daß jede Wunde ein Sekret bildet, das mit den umgebenden Haaren verklebt. Wichtig ist daher, diese Haare mit einer Schere zu kürzen und die Verletzung mit einem flüssigen Desinfektionsmittel zu reinigen. In der Eile ist die Autoapotheke eine nützliche Hilfe! Durch leichtes Anheben der Haut kann man oft erst die Tiefe der Wunden erkennen. Das Spülen mit Käsepappeltee ist auch ein ideales Mittel, weil dadurch die Wunde schneller heilt. Starke Blutungen und größere Verletzungen sollte jedoch der Tierarzt versorgen, da durch den Fachmann eine schnellere und gefahrlosere Heilung gewährleistet ist.

Zeckenbefall beim Hund: Zum Glück sind unsere Hunde nicht so wie wir Menschen gefährdet, durch einen Zeckenbiß ernstlich zu erkranken. Doch nach einem massiven Zeckenbefall und bei Hunden, die sich in südlichen Ländern aufgehalten haben, muß der Tierarzt bei Blut- oder Bewegungserkrankungen den Zeckenbiß als Differentialdiagnose im Auge behalten. Die Atmungsorgane der Zecken befinden sich am Leibesende, so daß ein Beträufeln mit Öl oder mit einem Insektizid die Zecken absterben läßt. Dann kann man sie durch Drehen entfernen. Leichte Entzündungen können die Folge sein. Am sichersten ist die Verwendung einer handelsüblichen Zeckenzange und eventuell anschließend ein leichtes Desinfektionsmittel.

SHEILA, TIGERKATZE, DREI JAHRE ALT:

Ich bewohne eine hübsche, helle Dreizimmerwohnung mit Bad, besitze genügend eigenes Spielzeug, benütze gelegentlich auch noch andere Dinge zum Spielen, die theoretisch meiner menschlichen Untermieterin Fanny gehören — praktisch aber selbstverständlich mir — wie Strickzeug, Strümpfe, herumliegende Liebesbriefe und Zeitungen. Mit Ausdauer und Konsequenz meinerseits habe ich Fanny beigebracht, wie ich meine tägliche Speisekarte wünsche, wann meine Ruhe- und wann meine Schmusestunden sind. Ich bin also glücklich — und da ich es bin, ist es meine Menschenfreundin auch.
Seit ein paar Wochen allerdings irritiert sie mich mit Fragen. „Fühlst du dich eigentlich nicht einsam, Sheila, während ich im Büro bin?" Einsam? Nein, einsam sind doch nur jene unglücklichen Katzen, die keinen Menschen besitzen, auf dessen Heimkommen man sich freut, in dessen Arme man sich kuscheln kann, wenn einem danach ist. Ich drücke mich schnurrend an sie und berühre mit meiner Nase die ihre, um sie von solchen unnötigen Zweifeln abzubringen. Aber sie hat mich offensichtlich nicht verstanden, wie das leider bei den Menschen, die nicht über unsere hochentwickelte Katzenintelligenz verfügen, oft der Fall ist.
Denn sie hat doch heute tatsächlich die Unverschämtheit besessen, mir einen jungen Kater ins Haus zu bringen. In meine Wohnung! Solange Fanny anwesend ist, ignoriere ich ihn. Er ist weniger als Luft für mich, denn Luft brauche ich zum Atmen — ihn zu überhaupt nichts! Das mache ich ihm auch sofort klar, als wir endlich allein sind. Er kommt etwas unsicher auf mich zugewackelt und hat doch tatsächlich die Frechheit, mich mit seiner Pfote anzustupsen. Ich kehre ihm den Rücken und schreite majestätisch auf meinen Lieblingsfauteuil zu. Ich springe elegant hinauf und schließe demonstrativ die Augen. Allerdings nur halb — diesen Trick beherrsche ich perfekt. Und dadurch sehe ich auch, daß dieser kleine Rowdy Anstalten macht, zu mir heraufzuklettern. Ich warte, bis sein Gesicht in meiner Pfotenhöhe ist, dann hole ich aus und gebe ihm eine kräftige Ohrfeige. Mit einem erschreckten „Mauiii" fällt er auf den Boden. Mauiii! Hat ihm denn keiner beigebracht, daß es „Miau" heißt? Unerzogener

Fratz! Ich mache ihm ein richtiges langgezogenes Miau vor. Er spitzt die Ohren, reißt seinen kleinen Mund auf und bringt zumindest so etwas Ähnliches wie einen anständigen Laut heraus. Zumindest ist er kein vollkommener Idiot! Offensichtlich fehlt ihm nur die gute Kinderstube. Nun, ich habe im Augenblick nichts Besseres vor. Bis Fanny ihn wieder wegschafft — und darauf bestehe ich —, kann ich ihm ja ein wenig Manieren beibringen. Ich führe ihn also einmal durch die Wohnung, zeige ihm meine Spielmaus, gestatte ihm aber nicht, sie zwischen die Pfoten zu nehmen. Der Kletterbaum begeistert ihn — er turnt sofort hinauf und fällt natürlich prompt herunter. Weil er so kläglich dreinschaut, schlecke ich einmal über sein Fell. Mit einem wohligen Seufzer drückt er sich an mich, und bevor ich ihm noch klarmachen kann, daß ich solche Intimitäten nicht wünsche, ist er eingeschlafen. Eigentlich süß, der Kleine! Wenn er wieder aufwacht, werde ich ihm zeigen, wie man mit einem Wollknäuel so geschickt spielt, daß der Faden durch die ganze Wohnung geht. Vielleicht werde ich Fanny doch erlauben, daß er hierbleibt.

Zwei Katzen im Haus, das heißt auch: weniger zerkratzte Teppiche und Möbel.

Foto: Effem, Bruck/L.

Eine oder zwei Katzen? Diese Frage stellt sich jeder Katzenbesitzer irgendwann — besonders dann, wenn er glücklich mit seiner Katze ist und zu überlegen beginnt, ob sie ebenso glücklich ist. Genügen ihr die gute Pflege und die Spiele mit ihrem Menschen? Fühlt sie sich nicht vielleicht doch einsam in den Stunden, in denen sie allein ist? Von diesen Gedanken bis zu einer zweiten Katze ist es meistens nur ein kleiner Schritt.

Und dann kommt man mit dem neuen Tier nach Hause. Im ersten Moment ist die Enttäuschung groß. Denn die Erstkatze reagiert keineswegs, wie man erwartet hat, mit Enthusiasmus auf den neuen Hausgenossen, den man doch ihr zuliebe angeschafft hat! Sie stellt ganz im Gegenteil im wahrsten Sinne des Wortes die Haare auf und verteidigt ihr Revier. Im besten Fall wird sie den Neuankömmling ignorieren und auf die einmalige Art, die nur Katzen so perfekt beherrschen, durch ihn hindurchsehen.

Aber keine Angst — die feindliche Stimmung legt sich bald. Am sichersten und schnellsten dann, wenn sich der Mensch nicht einmischt und die beiden in Ruhe ihre Rangordnung bestimmen läßt. Die erste Katze wird in den meisten Fällen der Chef bleiben und diese Position der neuen rasch klarmachen. Und von diesem Augenblick an herrscht Katzenfrieden in der Wohnung.

Und Sie als Besitzer können sicher sein, vernünftig gehandelt zu haben. Denn wenn auch einzeln gehaltene Katzen sicherlich nicht unglücklich sind, zu zweit fühlen sie sich doch wohler. Sie werden bald feststellen, daß die beiden keineswegs mehr anstellen als eine allein. Eher im Gegenteil! Sind sie doch miteinander so beschäftigt, daß andere Dinge, wie Möbel und Tapeten, uninteressant werden. Die Probleme werden also nicht verdoppelt, nur das Glück!

Medizinische Tips

Rolligkeit: Die Paarungsbereitschaft der Kätzin wird als *Rolligkeit* bezeichnet. Die Tiere zeigen während dieser Zeit ein besonderes Verhalten, wobei der Tierbesitzer oft fürchtet, es könnte sich um eine Krankheit handeln. Neben raunzigem Miauen, als Lockruf und dem typischen Abrollen über den Rücken, wird unsere Katze noch anschmiegsamer und liebesbedürftiger. Diese Anzeichen treten erstmals zwischen dem siebenten und zehnten Lebensmonat auf, sind aber auch jahreszeitenabhängig. Im Frühjahr etwas früher als im Herbst. Da bei der Kätzin der Eisprung erst durch den Deckakt ausgelöst wird, kann es zu einer sogenannten „Dauerrolligkeit" kommen. Die Tiere leiden sichtbar und magern oft ab. Wenn man also nicht vorhat zu züchten, sollte man die Kätzin kastrieren lassen. Eine kleine Operation, die den Hormonpräparaten vorzuziehen ist, da durch diese die Krebsgefahr steigt.

Der Kater wird in demselben Alter wie die Kätzin geschlechtsreif. Neben lautem Miauen kommt bei ihm die Unsauberkeit — das Markieren — mit dem typischen Geschlechtsgeruch dazu. Hier entschließt sich der Tierbesitzer leichter, seinen Kater kastrieren zu lassen.

Katzenpille: Die sogenannte Katzenpille wird zum Verschieben oder zur Verhinderung der Rolligkeit bei der Katze gegeben. Die Wiener Schule der Tiermedizin ist beim Einsatz von Hormonen sehr vorsichtig, da diese schon in kleinsten Mengen schwere Störungen hervorrufen können. Außerdem zeigt die Erfahrung, daß die Pille keine endgültige Lösung ist. Denn sie verhindert den operativen Eingriff meist nicht, sondern läßt ihn später, unter schlechteren Voraussetzungen, notwendig werden.
Zusätzlich kann bei Katzen, die diese Pillen bekommen haben, eine hohe Affinität zu Brustkrebs beobachtet werden. Der kleine, einmalige operative Eingriff, den die Kastration darstellt, ist jedenfalls viel mehr anzuraten als der Einsatz der Hormonpille.

Katzenkrallen: Die Krallen sind für die Katze ein sehr wichtiges Instrument. Sie werden zum Klettern, zum Fangen der Beute sowie zur Verteidigung verwendet. Katzen versuchen daher, ihre Krallen stets scharf zu halten und können dabei mit dem Tierbesitzer in Konflikt geraten. Nicht immer werden dazu die dafür geschaffenen Möglichkeiten, wie zum Beispiel ein Kratzbaum, benutzt. Hier ist oft viel Geduld und ein liebevolles Hinführen notwendig. Wenn die Katze mit ihren Krallen am Teppich hängenbleibt und daher Verletzungsgefahr besteht, dann soll der Tierarzt die Krallen kürzen. Ein operatives Entfernen der Krallen ist grundsätzlich abzulehnen.

Nero, Schäferhund-Rüde, zwei Jahre alt:

In den ersten Wochen war unsere Lebensgemeinschaft im wahrsten Sinne des Wortes sehr wild! Da flog schon einmal Geschirr durch die Gegend, so mancher Blumentopf mußte daran glauben; und neben lautstarken verbalen Auseinandersetzungen kam es leider auch sehr oft zu Pfoten-Greiflichkeiten. Die Dame, mit der ich die Wohnung teile, hat nämlich eine sehr lockere Tatze. Meistens — ich muß es schamvoll eingestehen — war ich der Verlierer. Aber das ist das Los der Männer, sagt mein Herrchen. Er muß es ja wissen, schließlich ist er verheiratet.

Nun, ich bin es glücklicherweise nicht, denn meine Lebenspartnerin ist eine Katze. Sissy mit Namen, schwarzhaarig und edel wie ihre historische Namensvetterin; an ihren arroganten Tagen hat sie auch durchaus etwas kaiserinnenhaftes an sich. Aber vielschichtig, wie das weibliche Geschlecht nun einmal ist (auch eine Erkenntnis meines Herrchens), kann sie sich von einer Minute auf die andere in eine ordinäre, pfauchende und kratzende Hinterhofkatze verwandeln, der man dann besser aus dem Weg geht.

Das habe ich gelernt, so wie ich im Laufe der Zeit ihre Sprache und ihren Charakter einigermaßen zu verstehen gelernt habe — soweit man das bei diesen andersartigen und noch dazu weiblichen Geschöpfen überhaupt kann. Unsere Anfangsschwierigkeiten kamen einfach daher, daß sie sich ganz anders ausdrückt als ich. Lege ich die Ohren zurück und wedle mit dem Schwanz, so bin ich glücklich und will gestreichelt werden. Tut sie genau dasselbe, bedeutet das höchste Alarmstufe. Wer sich ihr da nähert, kann sicher sein, eine Ohrfeige zu bekommen. Ich mache einen Buckel, wenn ich mich wohlfühle, sie dagegen, wenn sie ihrem Gegenüber droht. Ihr Schnurren hat mich, als ich noch jung und dumm war, überhaupt völlig verwirrt. Ich hielt es nämlich für Knurren und machte einen weiten Bogen um sie. Aber ausgerechnet dann war Sissy in Schmusestimmung und wollte sich an mich kuscheln.

Ja, weit ist der Weg zum Verständnis des anderen und zu einer glücklichen Partnerschaft. Zu der haben wir jetzt gefunden. Ich glaube, wir lieben uns sogar — aber was vielleicht noch wichtiger ist: wir respektieren einander. Was mir gehört, ob Futter, Spielzeug oder

Schlafplatz, gehört auch ihr. Und was Sissy gehört, davon — so hat sie mir deutlich klargemacht — habe ich die Pfoten zu lassen. Aber wenn ich traurig bin, weil man mit mir geschimpft hat, dann ist sie für mich da, streckt sich zwischen meinen Vorderpfoten aus, und ich darf meinen Kopf auf ihren Rücken legen. Wir geben einander Wärme, und wenn einer von uns seine Ruhe haben will, so läßt ihm der andere diese. — Das ist vielleicht überhaupt das Geheimnis einer glücklichen Verbindung! Ich glaube, wir können in Frieden miteinander alt werden.

Die sprichwörtliche Feindschaft von Hund und Katz' sollte man getrost dort lassen, nämlich im Bereich der Sprichwörter. Sie beruht auf vielen Mißverständnissen, vor allem menschlichen. Wenn ein Hund einer Katze nachjagt, so mag das vielleicht danach aussehen, als würde er einen Feind erwischen wollen. Was aber natürlich Unsinn ist, denn im Bereich unserer domestizierten Hausgenossen gibt es den Begriff vom natürlichen Feind, der das Leben bedroht, nicht. Der Hund läuft der Katze nach, weil sie läuft — genauso wie er hinter einem Artgenossen herrennen würde.

Hund und Katze können zusammen die friedlichsten Haustiere sein, wenn sie ihre anfänglichen Verständigungsschwierigkeiten, die auf der sehr gegensätzlichen Körpersprache beruhen, überwunden haben. Was für den einen Ausdruck der Freude ist, bedeutet beim anderen Zorn. Interessant übrigens, daß Katzen und Pferde eine sehr ähnliche Form des Ausdrucks haben — bei beiden bedeutet das Zurücklegen der Ohren und das Peitschen des Schwanzes Ärger und Erregung.

Wohl ein Grund, warum diese beiden Tiere in so vielen Ställen konfliktlos nebeneinander leben.

Nun, der Hund muß erst lernen, wie sich die Katze ausdrückt — und umgekehrt. Allerdings wird es in den meisten Fällen der anpassungsfähigere Hund sein, der seiner Katzenmitbewohnerin zuerst nachgibt. Dann wird sie für ihn eine durchaus liebenswerte, wenn auch stets autoritäre Partnerin sein, die ihn bei kleinen Übergriffen in ihr Revier handgreiflich zurechtweist.

Der Mensch, der das Glück hat, mit Hund und Katze zu leben, kann viel zur Harmonie beitragen: indem er keinen bevorzugt, beide gleich liebevoll behandelt und ein wenig Rücksicht auf die Eigenarten der beiden Tiere nimmt.

Eine Ahnung, wie es einst im Paradies gewesen ist, wird dann der Lohn für ihn sein.

Medizinische Tips

Baden des Hundes: Viele Hundebesitzer nehmen die Pflege ihres Vierbeiners sehr genau, und in der wohlgemeinten Absicht, das natürliche Reinigungsbestreben des Hundes zu unterstützen, wird dabei oft des Guten zuviel getan. Beim Baden mit Shampoo wird die natürliche Imprägnierung der Haut, die auf Grund von Fettabsonderungen verschiedener Drüsen erzeugt wird, zerstört. Dieser Schutzfilm ist wichtig, bewirkt er doch, daß Schmutz und Wasser von der Haut ferngehalten werden. Zu häufiges Baden mit Seifen, Shampoos und anderen Zusätzen lassen daher die Haut des Hundes viel schneller wieder verschmutzen und krankheitsanfällig werden. Abspülen und Reinigen mit einem feuchten Tuch sind unbedenklich. Ein unkonventioneller, aber vernünftiger Tierarzt-Tip: Der Hund muß erst dann in die Badewanne, wenn man ihn im wahrsten Sinne des Wortes nicht mehr riechen kann!

... und das Baden der Katze: Kein anderes Tier ist so heikel auf sein Äußeres wie die Katze. Sie vermeidet jede Verunreinigung ihres Felles, und wenn dies doch geschieht, dann wird sie sich stundenlang putzen und reinigen. Dadurch ist meist das Baden der Katze nicht notwendig. Wer Katzen kennt und achtet, weiß, daß jede Zwangsmaßnahme mit einer heftigen Reaktion erwidert wird. Katzen spielen gerne mit Wasser und sind ausgezeichnete Schwimmer, aber in 99 Prozent der Fälle gehen sie nicht freiwillig ins Wasser. Wer schon einmal seine Katze bei sehr starker und unnatürlicher Verschmutzung des Felles baden mußte, der weiß, daß das sonst so freundliche Tier — mit heftigem Kratzen — jedenfalls zu flüchten versucht.
Wer seine Katze unbedingt baden will — etwa für Ausstellungen —, der sollte sein Tier frühzeitig daran gewöhnen. Wie beim Hund ist zu häufiges Baden schädlich für die Haut, und besonders bei langhaarigen Arten kann das Haarkleid verfilzen.

Fellpflege der Katze: Hautkrankheiten, erwiesene Erbfaktoren und ungenügende Fellpflege führen zur Verfilzung, speziell bei langhaarigen Katzen. Gewöhnen Sie Ihr Tier daher schon früh an das Bürsten und Kämmen — damit kann dem vorgebeugt werden. Jede gröbere Verfilzung sollten Sie wegen der großen Verletzungsgefahr für das Tier und seinem ängstlichen Widerstand nicht selbst beseitigen, sondern diese Arbeit einem Tierarzt überlassen.

Augenkrankheiten beim Hund: Gesichtsfalten, Lefzen und Ohrbehang können begünstigend auf das Auftreten von Stellungsanomalien der Augenlider wirken. Die Folgen sind: Entzündungen der Binde- und des weiteren der Hornhaut, des Tränenapparates sowie verschiedener Drüsen am Auge. Auch starke Hautwülste auf der Nase und hervortretende Augen können solche Erkrankungen begünstigen. Bei manchen Hunderassen sind solche Fehlstellungen rassenspezifisch und können bei extremer Ausbildung schwere Schäden hervorrufen.
Meist werden Augenentzündungen durch Hänge- oder Rollider, durch Wimpernfehlstellung oder Haarreizung chronisch: für den Besitzer ein immer bestehendes Problem, das er bei seinem Tier ständig mit Augentropfen und Salben bekämpfen muß. In schweren Fällen, wenn z. B. die Hornhaut in Gefahr ist oder der Hund durch seine immer tränenden Augen leidet, kann man die Fehlstellung chirurgisch korrigieren. Bei manchen Rassekriterien wird der Tierarzt an den Besitzer appellieren: Vernunft vor Schönheit!

Nickhaut bei Katzen: Das „dritte" Augenlid der Katze wird auch *Nickhaut* genannt. Diese ist ein zusätzliches Schutzorgan für das Auge und zieht vom unteren nasalen Augenwinkel nach oben. Die Nickhaut kann bei Katzen vorstehen, wenn das Auge selbst erkrankt ist. Entzündungen oder Verletzungen der Horn- oder Bindehaut werden durch die Nickhaut abgedeckt. Weiters werden die „dritten" Augenlider vorgezogen, wenn schwere Störungen des Allgemeinbefindens vorliegen. Hier signalisiert der Nickhautvorfall den lebensbedrohenden Zustand bei einer Infektion, Organkrankheit, Vergiftung oder Verletzung. Auf jeden Fall sollte ein länger anhaltender Nickhautvorfall vom Tierarzt untersucht werden, um die Ursache zu finden.

NICKI, DACKELRÜDE, FÜNF JAHRE ALT:

Seit einer Stunde gehen wir jetzt schon spazieren, mein lieber Mann! Wenigstens rennst du jetzt nicht mehr so, wie in den ersten fünfzehn Minuten. Bin ich ein Windhund? Nein! Also nimm gefälligst Rücksicht auf meine kurzen Beine! Und zerr nicht an der Leine! Ich möchte an den Alleebäumen Botschaften meiner Kollegen erschnüffeln und welche hinterlassen, wie sich das für ein ordentliches Gassi-Gehen gehört. Aber wir gehen ja nicht Gassi, nicht wahr? Wir sind auf der Flucht vor einer Diskussion mit Frauchen. Daß ihr Menschen das nicht begreifen könnt: einen Streit führt man zu Ende und haut nicht am Höhepunkt wutschnaubend ab! Wir Tiere machen das nie! Wir tragen unsere Zwistigkeiten aus, es gibt einen Sieger und einen Verlierer. Das nächste Mal können die Rollen dann umgekehrt sein. Ihr beherrscht die Regeln einer herzerfrischenden Rauferei einfach nicht!

Der Dackel, auch Teckel oder Dachshund genannt, ist eigenwillig, gesellig und zärtlich. — Foto: IDH, Hamburg

„Ich lasse mir das einfach nicht mehr gefallen! Bin ich denn ein Trottel?" Jetzt kommt die Räsonierphase, kenn ich schon! Die dauert mindestens eine halbe Stunde. Ach, meine armen Krummbeine!
„Stur bin ich, hat sie gesagt! Hast du das gehört?" Hab ich, mein Lieber — allerdings auch, daß du davor geschrien hast, sie sei hysterisch!
„Hysterisch ist sie, diese Person. Und oberflächlich und ungerecht und —"
Und du bist stur und nach dem Büro meistens schlecht aufgelegt. Ihr habt beide eure Fehler — ich kann damit leben, weil ihr auch eure guten Seiten habt. Warum soll man sich die zehn, fünfzehn Jahre, die man auf dieser Erde hat, damit vermiesen, indem man Fehler beim anderen sucht? Knochen kann man suchen, ein warmes Plätzchen zum Schlafen, alles andere ist Zeitverschwendung.
Jetzt fängt es auch noch an zu regnen! Könnten wir bitte endlich umkehren? Du bist schließlich nicht so nahe am Boden wie ich, und ich hasse Nässe am Bauch!
Ein heftiger Ruck an der Leine. „Na, was ist? Schlaf nicht ein!" sagt dieser unvernünftige Kerl. Typisch Mensch! Denkt nicht über seine kurze Nase hinaus! Er wird sich einen Schnupfen holen und mit seinem Niesen meine Ruhe stören. Da hilft nur mehr Sitzstreik! Ich bin zwar klein, aber mein Wille wiegt eine Tonne! Na bitte, er gibt auf! Jetzt führe ich ihn an der Leine eilig heimwärts.
„Renn nicht so, du dummer Hund!" japst er. Von wegen dummer Hund! Ich bin derjenige, der an diesem Abend in die richtige Richtung rennt. Nach Hause, ins Bett, wo ein kluger Dackel in der Nacht hingehört!

Welcher Hundebesitzer kann ehrlich von sich behaupten, seinen Hund noch nie als „Kummernummer“ benutzt zu haben? Er eignet sich ja auch so gut dazu: Er läßt einen reden, hört zu, ohne einen mit gutgemeinten Ratschlägen oder unangenehmen Wahrheiten zu belästigen, und tut dennoch sehr viel dafür, daß man nach Frust und Ärger wieder einen klaren Kopf bekommt. Jeder Hundebesitzer wird schon die Erfahrung gemacht haben, daß er nach einem langen Spaziergang mit seinem Vierbeiner und dem Darlegen der eigenen Probleme hinterher feststellen kann, daß sie durchaus gelöst werden können. Wie es so schön heißt: Durchs Reden kommen die Leute zusammen, und durchs Reden mit dem Hund kommt die Seele wieder ins Lot.

Nur sollte man sich davor hüten, den Hausgenossen Hund ständig sozusagen als seelischen Mistkübel zu benutzen und an ihm seine Launen auszulassen. Er reagiert sehr sensibel auf Stimmungen und nimmt sie auf. Bei nervösen Besitzern wird der Hund bald nervös sein; ist das Herrl aggressiv und menschenfeindlich, gleicht sich das Tier ihm an, und beide werden ein Problem für die Umwelt.

Im Normalfall aber trägt, und das haben zahlreiche Studien ergeben, ein Tier im Haushalt zur seelischen — und damit auch zur körperlichen Gesundheit bei. Interessant in diesem Zusammenhang ist die Statistik einer deutschen Universitätsklinik, wo festgestellt wurde, daß Patienten, auf die zu Hause ein Tier wartet, schneller gesund werden und eine wesentlich kürzere Verweildauer im Krankenhaus haben.

Sind Sie also Hundebesitzer, so freuen Sie sich, daß Sie außer Liebe und Treue von Ihrem Vierbeiner nicht nur Seelentrost, sondern auch körperliches Wohlbefinden geschenkt bekommen. Regelmäßige Bewegung an frischer Luft, das ist genau das, was uns die Ärzte vor allen Medikamenten verordnen. Und unser Hund sorgt pünktlich dafür!

Medizinische Tips

Pfotenpflege im Winter: Das vieldiskutierte Salz, Chemikalien, Rollsplitt sowie Eiszapfenbildung an der Zwischenzehenbehaarung führen an den Pfoten, Krallen und Ballen unserer Tiere zu schmerzhaften Entzündungen und Verletzungen. Vorbeugen können Sie, wenn Sie bei Tieren mit dichter Behaarung im Pfotenbereich — z. B. beim Spaniel — die Haare kürzen beziehungsweise ausschneiden. Vor dem Spaziergang bestreichen Sie den Zwischenzehen- und Ballenbereich dick mit Lanolinsalbe oder Hirschtalg. Nach der Rückkehr reinigen Sie die Pfoten mit lauwarmem Wasser und tragen dünn eine Wundsalbe auf.

Bei starken Entzündungen und Verletzungen bitte nicht unfachmännisch verbinden. Ein schlechter Verband kann mehr schaden als nützen. Hier wäre ein Besuch beim Tierarzt zu empfehlen.

Schnee fressen: Alljährlich freuen sich Kinder und Hunde auf den ersten Schnee. Beide lieben es, den Schnee in den Mund zu nehmen und zu schlucken. Der Hund läßt ihn jedoch nicht im Mund zergehen, sondern schlingt ihn schnell unzerkaut hinunter. Die Folgen sind Hals- und Mandelentzündungen, die sich mit Husten und Freßunlust ankündigen. Wesentlich unangenehmer sind jedoch Magen- und Darmerkrankungen, die mit Brechen, Durchfall sowie oft mit schweren Allgemeinstörungen auftreten und dadurch auch für den Tierbesitzer Probleme bringen. Ein Fasttag sowie eine Diät können helfen. Wenn sich hier nicht rascher Erfolg zeigt, ist unbedingt der Tierarzt aufzusuchen.

Erbrechen der Hunde: Hunde können relativ leicht und häufig erbrechen, ohne daß gleich eine Krankheit vorliegen muß. Zu hastiges Verschlingen großer Mengen von Futter, Teile von Kauhilfen, bei Knochenfütterung grobe Knochenstücke, können den Magen-Darmtrakt überlasten, und es kommt zum Erbrechen. Danach ist das Allgemeinbefinden wieder normal und Appetit vorhanden.

Aber Erbrechen kann auch die Ursache einer Krankheit sein:

1. **Bei einer Hals- und Mandelentzündung:** Hier wird oft und unabhängig von der Nahrungsaufnahme ein gelblicher oder weißer Schleim von sich gegeben, was meist mit einem würgeähnlichen Krächzen verbunden ist.

2. **Bei Magenentzündungen:** Hier wird bei nüchternem Magen ein weißer, übelriechender Schleim erbrochen, oder die unverdaute Nahrung kommt gleich nach der Futteraufnahme wieder zum Vorschein. Dies passiert oft, wenn das Futter direkt aus dem Kühlschrank kommt oder die Tiere kaltes, verunreinigtes Wasser aus Pfützen trinken.

Diese beiden leichten Erkrankungen lassen sich häufig mit einem Fasttag, Kamillentee und leichtem weichen Futter wieder beheben. Mehrmaliges und länger - anhaltendes Erbrechen kann aber auch ein Begleitsymptom von schweren Darm-, Leber- und Nierenerkrankungen sein. Hier ist unbedingt eine genaue Diagnose erforderlich.

Pfiffig, ideenreich, scheinheilig: einfach ein liebenswerter Rauhhaardackel

Foto: IDH, Hamburg

Minka, Britisch-Kurzhaar-Katze, sieben Jahre alt:

Ich mag nicht, wenn du weinst! Die Tränen, die aus deinen Augen kullern, find ich ja noch ganz lustig. Aber wenn du so mit der Nase schniefst, sieht das aus wie Katzenschnupfen. Und vor dem mögen uns alle ägyptischen Katzengötter behüten!
Meine kleine Freundin, du bist schon elf Jahre alt — also vier Jahre älter als ich; aber verzeih! Nicht so gescheit wie ich! Deine Eltern haben mit dir geschimpft, na und? Das tun sie doch mit mir auch manchmal. Kannst du dich erinnern, was sie für ein Theater gemacht haben, wie ich letzte Woche diese phantastischen Fleischstücke von der Servierplatte genommen habe? Und habe ich geweint? Nein! Ein kurzer, arroganter Blick meinerseits, und dann habe ich sie für den Rest des Tages ignoriert. Am Abend haben sie mich dann gerufen und gelockt, aber sie mußten eine ganze Weile warten, bis sie mich wieder streicheln durften. So macht man das, meine Kleine!
Schau nicht so trostlos drein, warte: Ich springe auf deine Schulter und angle mir mit der Pfote deine Zopfspange — darüber mußt du doch sonst immer lachen! Heute nicht? Und alles nur wegen des dummen Fünfers auf die Mathematik-Schularbeit? Ach, meine Kleine, was macht das schon in einem Leben, ob man den Radius eines Kreises richtig ausrechnen kann!
Die Kreise eines Lebens sind ganz andere — der Mittelpunkt bist du! Und du mußt deinen eigenen Wert erkennen und dich selbst liebhaben. Erst dann kannst du auch andere lieben. Das ist der erste Kreis, und die anderen kommen dazu. Aber alle bewegen sich, fließen ineinander über, vergehen und bilden sich neu. Darum ist es völlig sinnlos, ihren Radius zu bestimmen.
Das hast du jetzt nicht ganz verstanden, nicht wahr? Ich vergesse manchmal, daß du keine Katze bist, mit unserer Jahrtausend alten Weisheit.
Aber bei aller Liebe — weine nicht in mein Fell. Menschentränen sind so salzig, und so unnötig. Schluß jetzt mit deiner Traurigkeit! Ich lege meine Vorderpfoten an deine Wangen und stupse meine Nase sanft an deine. Nein, so war das nicht gemeint! Jetzt drückst du mich ganz stark an dich. Du weißt doch, daß ich diese festen Umklammerungen

nicht mag! Aber bitte, heute, weil du unglücklich bist, lasse ich sie mir gefallen. Ausnahmsweise. Jetzt hast du zu weinen aufgehört! Fein! Laß mich los, wir wollen spielen. Schau, ich zeig dir was! Ich rolle deine Füllfeder über den ganzen Schreibtisch — mitten auf dein aufgeschlagenes Heft. Jetzt macht sie einen schönen blauen Tintenklecks direkt unter das Nichtgenügend. Siehst du, nun mußt du lachen!

Ist dir eigentlich klar, was für ein Glück du hast, mit einer Katze zu leben?

Ein Kind, das mit einem Tier aufwächst, hat, wie Untersuchungen (Prof. Dr. Giselher Guttmann, Institut für Psychologie der Universität Wien) zeigen, bereits in der Volksschule einen Vorsprung gegenüber seinen Altersgenossen ohne Haustier. Es ist kontaktfreudiger, dem Lernstoff und seinen Mitschülern gegenüber aufgeschlossener, und es neigt auf der einen Seite weniger zu Schüchternheit, auf der anderen zu weniger Aggressivität.
Eltern können schon sehr früh ihr Kind dazu anleiten, Verantwortung für das Haustier zu übernehmen. Es wird sehr bald die Bedürfnisse seines Spielgefährten kennen — und lernen, darauf Rücksicht zu nehmen. Tier und Kind erziehen einander und oft wesentlich wirkungsvoller und schneller, als Eltern dies können.
Eine Frage wird immer wieder an Tierärzte gestellt: Ein Baby ist unterwegs. Wird sich das Haustier mit dem Neuankömmling verstehen?
Von der gesundheitlichen Seite her sollte das Tier, bevor das Baby ins Haus kommt, auf Hautkrankheiten (Pilze, Milben und Flöhe) sowie auf Darmparasiten untersucht werden. Selbstverständlich ist auch in dieser Zeit beim Haustier auf Gesundheitsprobleme und Sauberkeit besonders zu achten. Zusätzliche Impfungen sind nicht notwendig.
Was die psychologische Seite betrifft, so kann man allen Problemen damit vorbeugen, indem man das vorhandene Tier nicht von seinen Gewohnheiten ausschließt und ihm ebensoviel Zuwendung und Liebe zukommen läßt, wie in der babylosen Zeit vorher. So können Eltern mit Einfühlsamkeit und Vorsicht eine Freundschaft aufbauen, die ein ganzes Tierleben lang hält und dem kleinen Menschenwesen eine wunderschöne, erlebnisreiche Kinderzeit beschert.
Es gibt erfolgreiche Therapien, wo Psychologen bei verhaltensgestörten Kindern Tiere als Helfer verwenden. Dabei haben sich verblüffende Ergebnisse gezeigt: Aggressive Kinder werden sanft und zärtlich, wenn sie im Zuge der Behandlung Tiere angreifen und betreuen dürfen. Besonders motorische und unruhige Kinder entwickeln Ruhe und Gelassenheit durch das Streicheln und Auf-dem-Schoß-Halten von Tieren. Selbst bei kleinen autistischen Patienten werden durch Pferde-, also durch Hippotherapie, Fortschritte erzielt.
Tiere können Kindertränen trocknen, ihre kleinen Freunde zum Lachen und zum Nachdenken bringen. Sie sind immer da, wenn sich das Kind einmal einsam oder ungerecht behandelt fühlt. So betrachtet, können Eltern ihren Kindern nichts Wertvolleres auf den Lebensweg mitgeben, als die Kindheit mit einem Tier!

Medizinische Tips

Wasseraufnahme der Katze: Jedes Tier nimmt soviel Wasser auf, wie es braucht. Da in der Katzennahrung schon viel Wasser enthalten ist, benötigen gesunde Tiere nur wenig Flüssigkeit. Der Wasserbedarf ist also von der Art des Futters, aber auch von der Umgebungstemperatur und der Bewegungsfreudigkeit der Katze abhängig. Solange eine Katze fröhlich ist und die Nahrung aufnimmt, ist alles in Ordnung. Zu großer Durst wäre ein Krankheitsverdacht.

Schnupfen bei der Katze: Wenn die Katze gegen den gefährlichen Katzenschnupfen geimpft worden ist, fällt bei ihrem Niesen dieser Verdacht weg. Oft ist eine Bindehautentzündung die Ursache, so daß vermehrte Tränenflüssigkeit in der Nase ein Niesen verursacht. Aber auch allergisches Niesen, wie bei uns Menschen, kann bei der Katze auftreten. Niest sie nur manchmal und leicht, so ist das harmlos. Schleimig eitriger Nasenausfluß mit Störungen des Allgemeinbefindens bedürfen allerdings einer genauen Diagnose.

Giftpflanzen: Katzen zeigen einen natürlichen Trieb, um die Darmtätigkeit anzuregen, Grünpflanzen abzuknabbern. Einige von unseren beliebtesten Zimmerpflanzen können für Katzen mehr oder weniger giftig sein. Wie bei jeder Vergiftung spielt hier besonders die aufgenommene Menge der toxischen Substanzen eine große Rolle. Die meisten Pflanzenvergiftungen bei der Katze rufen schwere Magen- und Darmsymptome, wie Erbrechen und Durchfall, hervor, führen zu Speicheln, Nervosität, Zittern, Krämpfen und Kreislaufproblemen. Ohne Therapie führen diese Folgen von pflanzlichen Giften oft zum Tod. Daher beim Verdacht von Aufnahme eines solchen Giftes bitte schnellstens zum Tierarzt!
Hier einige der Pflanzen, die für unsere Katzen schädlich sind:
Philodendron, Gerbera, langblättriger Efeu, Narzissen, Hyazinthen, Rhododendron, Azaleen, Hortensien, Misteln, Nachtschattengewächse und Wolfsmilcharten.
Da auch Stoffe, die den Pflanzen zur Düngung und Pflege beigegeben werden, in größeren Mengen schädlich sind, soll man Katzen von Zimmerpflanzen fernhalten.
Katzengras, das meist aus gekeimtem Getreide billig zur Verfügung steht, muß ausreichend vorhanden sein, damit die Zimmerpflanzen ihre Schönheit behalten und unsere Katzen gesund bleiben.

Burli, Wellensittich, drei Jahre alt:

Guten Morgen, Burli! Sag schön: Guten Morgen!"
Jeden Tag dasselbe, wenn sie meinen Käfig abdeckt. Warum soll ich mir meine Zunge verrenken? Es reicht völlig, wenn ich „Bussi, Bussi" antworte. Ein Strahlen geht über ihr liebes, altes Gesicht, sie gibt mir mein Futter und ein Stück Apfel — mehr würde mir ein „Guten Morgen" auch nicht eintragen. Und dann setzt sie sich mit ihrem Kaffeehäferl und einem Butterbrot neben meinen Käfig, und wir beide frühstücken. Sie plaudert dabei vor sich hin. Sehr angenehm, denn absolute Stille mag ich nicht. Und dieses ruhige Dahinplätschern der Worte ist ein wenig so, als hätte ich einen Vogelkollegen bei mir.
„Weißt du, früher da hab ich immer einen großen Frühstückstisch gedeckt, für meinen Mann und die Kinder. Aber seit er mir in den Himmel vorausgegangen ist und die Buben ihr eigenes Leben haben, brauch ich nimmer viel herrichten. Ruhig ist's jetzt geworden in meinem Leben, und ein bisserl einsam."
Sie schweigt. „Burli brav!" sage ich zwischen zwei Bissen Apfel. Wie immer funktioniert meine Weiterführung der Konversation.
„Ja freilich bist du brav", nickt sie. „Und wenn ich dich nicht hätt, wär ich nicht nur einsam, sondern ganz allein!"
Da geht's uns beiden gleich. Ich bin auch einsam ohne Weibchen, aber nicht allein. Die Menschenfrau ist den ganzen Tag in meiner Nähe, ich darf nach dem Frühstück aus dem Käfig und bis zum Nachmittag herumfliegen. An guten Tagen erwischt meine Besitzerin im Radio sogar ein ordentliches Musikprogramm — Operetten mag ich, und Marschmusik. Und sie kauft mir auch regelmäßig Lekkerbissen — aus Körnern geformte Vogelherzen, Vitaminfutter und Hirsekolben. Im Verhältnis gönnt sie mir viel mehr als sich selbst. Ihre eigenen Ansprüche, was Futter betrifft, sind sehr bescheiden, so wie ihre Rente. Aber was sollen wir beide mehr wollen?
Das Paradies auf Erden gibt es nicht mehr — weder für Vögel noch für Menschen. Das weiß ich bei jedem Blick durch das Fenster hinaus, auf das graue Häusermeer und tief unten in der Straße auf eine nicht abreißende, stinkende Autoschlange. Nie im Leben würde ich da hinausfliegen wollen. Und meine Besitzerin geht auch nur mehr

selten weg. Vielleicht ist diese Wohnung hier für uns beide doch ein kleines Paradies?
„Solang ich dich nur hab, Burli, freut mich das Leben noch!“ sagt sie und streut mir hoffnungsvoll ein paar Sprechperlen in mein Futterschüsselchen.
Ich picke mir eine heraus. Sie sieht mich erwartungsvoll an. Na gut, wenn es ihr so wichtig ist . . .
„Gutn Morrgn“, grüße ich und nicke zweimal mit dem Kopf. Sie schlägt begeistert die Hände zusammen und ruft: „Endlich! Ich bin ja so froh und so stolz auf dich, Burli!“ Mit wie wenig ein Vogel einen Menschen glücklich machen kann!

„Burli“ ist ein altkluger Wellensittich: Von ihm können wir lernen, mit wie (scheinbar) wenig ein Vogel uns glücklich machen kann. — Foto: IFH, Hamburg (Holger Stumpf)

Der Wellensittich ist ein bezauberndes Haustier für Menschen jeden Alters. Beschäftigt man sich regelmäßig mit ihm, wird er schnell zutraulich und lernt bald sprechen. Es gibt Wellensittiche mit einem verblüffend umfangreichen Vokabular, aber seinen Namen und geduldig wiederholte Sätze plaudert fast jedes Exemplar nach seinem ersten Lebensjahr nach. In den meisten Fällen allerdings nur dann, wenn er als Einzelvogel gehalten wird. Die Entscheidung, ob man einen oder zwei Sittiche anschafft, sollte davon abhängig gemacht werden, wieviel Zeit man für das Tier aufbringen kann. Ist der Sittich oft allein, dann sollte man schon in seinem Sinne für Gesellschaft sorgen.
Das gilt in besonderem Maß für eine andere exotische Vogelart: die kleinen, munteren Zebrafinken. Diese werden nicht so zutraulich wie Sittiche oder Papageien. Man kann sie nicht daran gewöhnen, auf den Finger zu kommen. Die Freude an ihnen besteht an der Beobachtung ihres lebhaften Treibens. Allein gehalten, sind diese Vögel wirklich arm. Hier sollte man unbedingt für einen Partner sorgen. Hat man sich ein Pärchen angeschafft, muß einem allerdings klar sein, daß Zebrafinken äußerst vermehrungsfreudig sind. Sie brauchen gar keinen Nistkasten: die kleinen Rohrnestchen genügen ihnen schon, um Eier zu legen und zu brüten.
Für jeden unserer gefiederten Hausgenossen, ob Wellen- oder Nymphensittich, Papageien, Zebrafinken oder Kanarienvögel, gibt es eine einfache Regel, wie man erkennt, ob sie gesund sind. Denn gesunde Vögel sind lustig und fröhlich und nehmen an ihrer Umgebung Anteil. Das Federkleid liegt glatt an, und der Vogel sollte bei Tag nicht den Kopf ins Gefieder stecken und schlafen. Die Flügel dürfen nicht herabhängen; Appetit ist vorhanden. Ein richtig gefütterter Vogel hat eine gut bemuskelte Brust, so daß man das Kielbein fast nicht spürt. Die Federn um die Kloakenöffnung dürfen nicht verklebt sein, und die Vogelhaut erscheint blaßrosa.
Bei zu kleinen Käfigen neigen die Vögel oft zu Fettansatz, meist unter der Haut und zwischen den Eingeweiden. Erkrankungen sind die Folge. Da Vögel Flügel haben, sollten sie diese auch in unserer Wohnung benutzen dürfen und genügend Ausflugsmöglichkeiten haben. Ihr Wiedereinfangen muß keineswegs in akrobatischen Aktionen ausarten. Haben sie genügend Rundflüge absolviert und werden sie vom Hunger gepackt, gehen sie ohnehin von selbst zurück in den Käfig, zum Futternapf. Etwas schwieriger ist das bei den scheuen Zebrafinken. Hier kann man als Kompromiß eine genügend große Voliere mit Kletterästen und Schaukeln anschaffen, in der sie genügend Bewegungsfreiheit haben.

Medizinische Tips

Der Papageienschnabel: Der Schnabel jedes Papageienvogels ist sein wichtigstes Werkzeug. Er dient zur Nahrungsaufnahme und zur Zubereitung des Futters — also zum Knacken von Nüssen und Körnern. Der Schnabel hilft den Tieren beim Klettern und Plaudern und wird als Waffe eingesetzt. Es ist möglich, daß das Schnabelhorn insgesamt — oder an einzelnen Stellen — zu schnell und zu stark wächst. Es kann aber auch bei normalem Wachstum, das ja ständig vor sich geht, ungenügend abgenutzt werden. Aus diesem Grund ist es besonders wichtig, Sepia (die Rückenschulpe des Tintenfisches, die außerdem eine reiche Kalkquelle darstellt) sowie harte Nüsse und Äste anzubieten. Papageien rinden grüne Äste nicht nur wegen der Schnabelpflege ab. Unter der Rinde leben kleine Käfer und Larven, die das notwendige tierische Eiweiß des Papageienfutters sind.

Federkleid: Erkrankungen des Gefieders kommen bei unseren Hausvögeln leider sehr häufig vor, ohne daß auch Störungen des Allgemeinbefindens vorliegen. Die Ursachen können mannigfaltig sein.

1. **Parasiten:** (z. B. Milben, die sich im Schnabelbereich, an den Füßen und unter den Flügeln aufhalten und zu Juckreiz führen.

2. **Haltungsbedingte Ursachen:** Hauptsächlich zu trockene Luft in dem Raum, in dem sich der Vogel aufhält. Zugluft, intensive oder mangelnde Sonnenbestrahlung und Langeweile, wie z. B. Mangel an Spielzeug und Ästen für den Nagetrieb. Bei manchen Sitticharten kann auch Einzelhaltung diese Schäden hervorrufen.

3. **Fütterungsbedingt:** Mangel an Vitaminen und Mineralstoffen. Sehr oft ist eine Unterversorgung mit tierischem Eiweiß die Ursache. In der Natur verzehren die Vögel kleine Larven und Käfer. Dies kann man zu Hause ausgleichen, indem man Futtergarnelen und gekochtes Ei zufüttert.

Um zu erkennen, welche Ursache der Erkrankung vorliegt, sollte der Vogelhalter alle diese Punkte abklären. Manchmal helfen schon Kleinigkeiten, um sie zu beheben. Ein Luftbefeuchter oder gelegentliches Besprühen mit der Blumenspritze kann das Federkleid sehr schnell wieder prächtig werden lassen.

Die Mauser: So wie andere Tiere sich häuten oder ihr Haarkleid wechseln, müssen unsere Vögel die Federn, die einer starken Abnützung unterliegen, erneuern. Diesen Zeitraum nennt man Mauser. Bei manchen Vogelarten geschieht dies in bestimmten Jahreszeiten schnell, bei anderen verläuft die Mauser allmählich. Meistens findet sie nur einmal im Jahr, am Ende der Paarungszeit (das ist in unse-

Wellensittiche lieben Gesellschaft. Ein Sittich-Pärchen, das sich mag, ist schon am frühen Morgen guter Laune und bringt gute Laune in das ganze Haus.

Foto: IFH, Hamburg (Holger Stumpf)

ren Breiten das Frühjahr) statt. Da die Mauser eine große Belastung für die Vögel darstellt, verhalten sie sich in dieser Periode still und sind auch krankheitsanfälliger. Der Mensch sollte jetzt für einen erhöhten Vitamin-, Mineralstoff- und Eiweißanteil im Futter sorgen. Bierhefe und handelsübliche Mauserhilfen wären ratsam.

Nymphensittiche und ihre Zucht: Die Züchtung sämtlicher papageienartiger Vögel ist eine Wissenschaft für sich. Die Versuche scheitern oft schon am Anfang, weil man nicht in der Lage ist, die geeigneten paarungsbereiten Partner zu finden. Gerade beim Nymphensittich ist die Unterscheidung der Geschlechter besonders schwierig und kann erst nach dem neunten Lebensmonat durch unterschiedliche Federfärbung von erfahrenen Züchtern und Zoofachhändlern erkannt werden.

Alle Papageienarten sind bei der Partnerwahl sehr wählerisch, so daß oft der erste dazugekaufte Vogel nicht der richtige ist. Und wenn doch, so bedarf es in den meisten Fällen einer langen Angewöhnungszeit.

Selbstverständlich muß man auch für eine geeignete Umgebung sorgen. Der richtige Nistkasten darf nicht zu klein sein; es muß genügend Einstreu vorhanden sein. Viel Platz, gute Luft, gute Lichtverhältnisse und optimales Futter sind notwendig, damit die Vögel Nachwuchs bekommen können. Das einzig sichere Rezept für den Vogelfreund ist, nicht die Geduld zu verlieren. Das Resultat ist die schönste Belohnung!

Moritz, Meerschweinchen, ein Jahr alt:

Ich hätte eigentlich ein Hund werden sollen. Nicht von meinen Eltern her. Die waren selbstverständlich auch Meerschweinchen. Und soweit ich die beiden kenne, hatte weder Mama noch Pappa irgendein Interesse an Hunden. Schon gar kein Amouröses. Und das wäre ja auch schwer möglich gewesen, nicht wahr? Moment, jetzt habe ich mich irgendwie in einen Wirbel geredet. Ich glaube, ich muß noch einmal von vorne anfangen. Also: Meine Familie (die Menschenfamilie, bei der ich jetzt lebe), die wollte unbedingt ein Tier für ihre beiden Kinder haben. Was ja auch sehr gescheit ist und neben einer guten Schulbildung so ziemlich das Beste, was man zur Erziehung beitragen kann. Wenn ich es recht überlege, so sind wir Tiere für Kinder sogar noch wichtiger als die Schule. Denn dort lernt man nicht das, was man im Zusammenleben mit uns lernt: Toleranz, Zärtlichkeit und Rücksichtnahme auf die Bedürfnisse anderer Lebewesen. Aber ich schweife schon wieder ab. Verzeihung, das ist eben so Meerschweinchenart!

Meerschweinchen sind oft zu Recht sogenannte „Ersttiere“. Damit lernen die Kinder, für Tiere Verantwortung zu tragen, sie zu pflegen und zu füttern.

Foto: „Ein Herz für Tiere“ (Gerhard Fries)

Wo war ich? Ach ja! Einen Hund hätten die Kinder gerne gehabt. Aber der ist in dem Wohnhaus, wo wir leben, nicht erlaubt. Wegen Schmutz und Bellen. Wobei ich nur lachen kann! Soviel Dreck und soviel Lärm, wie die Menschen produzieren, macht kein Hund! Nun, um zur Sache zu kommen: statt eines Dackels kam ich!
Es ist ja kein besonders angenehmes Gefühl, wenn man sozusagen nur als Ersatz genommen wird, aber ich kann in aller Bescheidenheit sagen, daß ich es innerhalb eines Tages mit meinem Charme geschafft habe, die Familie restlos für mich einzunehmen. Ich habe ein paar Tricks drauf, die die Menschen in Begeisterung versetzen. Wenn ich in mein Häuschen sause und so tue, als würde mein rundliches Hinterteil im Eingang steckenbleiben, dann lachen sie sich schief. Gut kommt auch immer an, wenn ich mich im Käfig aufrichte und ein wenig mit den Zähnen klappere. Das ist mein Trick für zusätzliche Leckerbissen. Funktioniert blendend! Prompt bekomme ich eine Karotte.
Ich sorge also für die Unterhaltung der Familie, und sie benimmt sich dafür auch sehr vernünftig. Ich muß keineswegs immer im Käfig bleiben, sondern darf im Wohnzimmer herumlaufen. Auch dabei habe ich mir ein Repertoire erarbeitet, das für programmierte Lacher sorgt. Mein halber gesprungener Axel ist selbst bei miesester Laune der Familie ein Erfolg! Mein größter Fan ist die Mutter. Wenn sie in der Früh, noch halb verschlafen an mir voreigeht, dann pfeife ich ihr nach. Ursprünglich natürlich, um sie an mein Frühstück zu erinnern. Sie hat es aber ganz anders aufgefaßt! „Du bist das einzige männliche Wesen, das mir, wenn ich unfrisiert und im Schlafrock auftauche, nachpfeift! Ein schöner Tagesanfang für eine Frau!“
Jetzt ist der Pfiff für uns beide eine liebe Gewohnheit geworden, wobei ich schon feststellen muß, daß Menschenweibchen bescheidene Geschöpfe sind, die man mit der kleinsten Kleinigkeit erfreuen kann. Ach ja, noch etwas ist dazu anzumerken: Ein Dackel hätte nie gepfiffen!

Hamster, Meerschweinchen und Kaninchen sind oft sogenannte „Erst-tiere". Das heißt, sie sind der Kompromiß zwischen dem dringenden Wunsch der Kinder, ein Haustier zu haben, und dem Bedenken der Eltern, ob ein größeres Tier, wie Hund oder Katze, nicht zuviel Zeit oder Pflege beansprucht.
Die Tierhaltung mit einem dieser Nagetiere zu beginnen, ist ein vernünftiger Entschluß. Denn an ihnen lernen die Kinder, wie man für ein kleines Lebewesen sorgt. Die Betreuung, wie das Reinigen des Käfigs und die Fütterung, kann man auch schon jüngeren Sprößlingen anvertrauen.
Meerschweinchen und Kaninchen sind gewissermaßen Streicheltiere und genießen zärtliche Zuwendung. Eltern sollten nur darauf achten, daß diese aus lauter Liebe und Begeisterung nicht allzu heftig ausfällt.
Hamster beginnen ihre Aktivitäten erst in den Abendstunden. Und sind dann die ganze Nacht recht munter. Das muß man bei ihrer Anschaffung für kleinere Kinder bedenken, deren Schlafenszeit mit der Aufwachzeit des Hamsters zusammenfällt. Da kann es einerseits bei den kleinen Tierbesitzern zu Enttäuschung und beim Hamster zur Störung seiner Tagesruhe kommen.
In letzter Zeit erfreuen sich auch Ratten und Frettchen immer größerer Beliebtheit als Haustiere. Bei den Ratten handelt es sich um kleine, gezüchtete Exemplare, nicht um jene größeren Wanderratten, die uns im Freien Schrecken einjagen können. Man wird bald feststellen, daß Ratten bezaubernde Hausgenossen sind. Klug und zutraulich, sauber, zärtlich und unendlich gelehrig.
Auch die Frettchen sind äußerst muntere und lustige Hausgenossen. In ihrem Verhalten sind sie den Katzen ähnlich, also sehr verspielt. Deshalb sollte man ihnen ebenfalls Kletterbäume zum Schärfen der Krallen zur Verfügung stellen. Kleine Unterschlüpfe und Höhlen sind ihr bevorzugter Platz zum Liegen.
Wenn sie im Käfig gehalten werden, muß dieser groß genug sein und über eine gute Einstreu verfügen. Als Nahrung bevorzugen sie Fleisch — besonders Huhn — oder handelsübliches Katzenfutter. Aber auch Kohlenhydrate, Ei, Obst und Gemüse werden von ihnen sehr geschätzt. Wenn sie zu zweit gehalten werden, dann nur als Pärchen, oder man läßt die Tiere kastrieren. Wegen der Geruchsentwicklung ist es ratsam, die Anhangsdrüse operativ entfernen zu lassen.
Eine Flohvorsorge ist wie bei anderen Haustieren notwendig. Frettchen müssen auch gegen Katzenseuche und Hundestaupe geimpft werden, da sie für diese Krankheiten leicht empfänglich sind.

Medizinische Tips

Maulpflege beim Meerschweinchen: Als Nagetiere brauchen Meerschweinchen — weil ihre Zähne ständig nachwachsen — größtenteils Körner und hartes Brot als Futter. Trotzdem kann es speziell bei älteren Tieren passieren, daß die

Hamster, Meerschweinchen, Kaninchen: einfach Tiere zum Liebhaben. Und Tiere, die mit Kindern Freuden und Sorgen teilen.

Fotos: Linke Seite oben Manfred Pforr, linke Seite unten Klaus Züchner,
rechte Seite oben „Ein Herz für Tiere" (Gerhard Fries), rechte Seite unten Horst Mayer

Nage- und Backenzähne zu lang werden. Die Meerschweinchen bekommen dann Schwierigkeiten bei der Futteraufnahme. Das Kauen wird verzögert, mitunter sogar das Futter verweigert. Die Backenzähne können eine Brücke bilden, die die Zunge in ihrer Bewegung einschränkt und ein Abschlucken unmöglich macht. Hier ist zu bedenken, daß auch beim Vorliegen anderer Erkrankungen die Nahrungsaufnahme eingestellt wird und die Zähne überlang werden. In jedem dieser Fälle ist der Weg zum Tierarzt notwendig, der das Meerschweinchen untersucht und, wenn nötig, die Zahnstellung korrigiert.

Hautprobleme beim Meerschweinchen: Hautprobleme bei unseren Tieren sollte man immer sehr kritisch beurteilen, da einige dieser Erkrankungen auch auf uns Menschen übergehen können. Gerade kleine Tiere, wie Meerschweinchen und Hamster usw., kommen in sehr engen Kontakt mit ihren meist jungen Besitzern und sollten daher auf Hautkrankheiten genau untersucht werden. Juckreiz, haarlose Stellen sowie Rötungen, Pusteln oder nässende Ekzeme sind die ersten Anzeichen einer Erkrankung. Infektiöse Ursachen — auch für den Menschen problematisch — sind Parasiten wie Milben, Läuse oder Haarlinge, die meist einen starken Juckreiz hervorrufen, oder Pilzerkrankungen, die als runde haarlose, schuppige Stellen meist im Kopfbereich auftreten.
Ungefährlich für den Menschen sind Hautprobleme, die durch Mangel- oder Organkrankheiten ausgelöst werden. Eine rechtzeitige Diagnose durch den Tierarzt ist für die Therapie des kleinen Nagers von Vorteil.

Futterverweigerung beim Meerschweinchen: Frißt das Meerschweinchen nicht, muß man an eine Störung im Magen- oder Darmbereich denken. Ursachen liegen oft an der Fütterung — wie z. B. verschimmeltes oder gespritztes Futter, sowie an unhygienischer Haltung. Auch ein Mangel an Vitamin C führt zu verschiedenen Krankheitsbildern. Daher sollten Meerschweinchen immer frisches Gras, Klee, Gemüse und Obst zugefüttert bekommen. Da diese Tiere manchmal sehr wenig Bewegungsmöglichkeiten haben, leiden sie auch an Fettsucht. Stoffwechselkrankheiten können dann die Folge sein.
Auch Erkrankungen des Kehlkopfes oder der Kaumuskulatur sind oft Ursachen von Appetitlosigkeit.
Aber nicht nur eine Krankheit kann Futterverweigerung hervorrufen. Wie schon erwähnt, werden die Nage- und Backenzähne dieser Tiere durch zuwenig Abnützung in Ermangelung von hartem Futter zu lang. Dann können sie die Nahrung nicht aufnehmen und abschlucken. Eine einfache Korrektur der Zahnlänge durch den Tierarzt läßt dieses Problem rasch verschwinden, und unsere kleinen Hausgenossen freuen sich wieder auf ihr Futter!

Geräusche beim Kaninchen: *Die Geräusche, die man manchmal von den Kaninchen hört, können*

1. **von den Zähnen hervorgerufen werden:** Nach der Futteraufnahme will es weiterhin seinem Nagetrieb nachkommen. Hier muß unbedingt ausreichend hartes Futter vorhanden sein. Zu bedenken ist immer, daß Zähneknirschen auch eine starke Schmerzäußerung sein kann.

2. **Das Geräusch kann auch durch Gasbildung nach der Futteraufnahme verursacht werden.** Zuviel Weichfutter und gäriges, feuchtes Grünfutter sind die Ursache. Hier können schwere Erkrankungen entstehen, die unbedingt einen Besuch beim Tierarzt erfordern.

3. Auch bei der **Atmung** können bei Erkrankungen der Bronchien Geräusche entstehen.

Kaninchen werden je nach Rasse durchschnittlich zwischen vier und sieben Jahren alt. Da sie nicht offensichtlich wie Menschen, Hunde und Katzen Krankheiten zeigen, sollte der Kaninchenbesitzer schon bei geringen Allgemeinstörungen den Tierarzt aufsuchen. Folgende Erscheinungsbilder lassen auf eine Krankheit schließen: die allgemeine Lebhaftigkeit ist vermindert, der Appetit geringer, oder das Tier hört ganz zu fressen auf. Das Fell wird matt und stumpf, die Kopfhaltung ist gesenkt, und die Ohren hängen herab. Die Augen zeigen sich trüb und die Nase ist feucht. In schweren Fällen ist die Atemfrequenz vergrößert, und es kommt zu einer verstärkten Bauchatmung. Schmerzäußerungen zeigen sich — wie schon erwähnt — meist durch Zähneknirschen.
Die häufigsten Erkrankungen treten im Atembereich als Schnupfen und Lungenentzündung, im Magen- und Darmtrakt als die gefürchtete Blähsucht oder Durchfall sowie als Hautproblem auf. Da eine Diagnose bei einer Kaninchenkrankheit schwer und das Eingeben von Flüssigkeiten und Medikamenten nicht nur schwierig ist, sondern auch für das Tier gefährlich sein kann, sollte man in allen Fällen einer Erkrankung von einer Selbsttherapie absehen.

Fütterung von Hamstern: Der erwachsene Hamster verzehrt täglich 10 bis 15 g Futter. Dieses soll ungefähr einen 20%igen Eiweißanteil beinhalten. Handelsübliches Hamsterfutter trägt dieser Anforderung Rechnung, jedoch muß bei der Trockenfütterung ausreichend Wasser angeboten werden. An sich liebt der Hamster abwechslungsreiche Kost, hartes Brot, Getreide, Sonnenblumenkerne, Äpfel, Karotten und Salatblätter. Um den Eiweißbedarf zu decken, kann man Leber, gekochte Eier und Fisch zufüttern.

Wichtig ist bei allen Fütterungsarten, daß der Hamster genügend Gelegenheit hat, seine Nagezähne zu benützen. Nüsse in der Schale, Körner usw. sind dazu bestens geeignet. Wenn man alle diese Punkte beachtet, sollte es zu keinen Mangelerscheinungen kommen. Anzeichen einer Erkrankung beim Hamster sind Appetitlosigkeit, Müdigkeit, glanzloses Fell und eitrig verklebte Augen.

Zutraulich, lieb und relativ leicht zu halten: ein Zwergkaninchen.
Foto: Manfred Pforr

Susanne Michel, ORF-Tele-Vieh-Sions-Moderatorin, liebt nicht nur Katzen. Hier sehen wir sie mit einem niedlichen Kaninchen. — Foto: Carla Schwab, Wien

CARUSO, SIAMKATER, VIER JAHRE ALT:

Salome macht mich wahnsinnig! Ich weiß genau, daß sie mich hier im Garten sitzen sieht, im nachtfeuchten Gras. Aber sie tut da oben hinter ihrem Fenster so, als wäre ich nicht vorhanden. Sie putzt ausgiebig ihr glänzendes Fell — bei allen ägyptischen Tempelgöttern! — das ist ein prächtiges Katzenweib! Ich maunze: „Hallo, Salome! Ich bin da. Unter der blühenden Forsythia!"

Sie wirft einen träumerischen Blick in den Nachthimmel und schleckt zum dritten Mal ihre zauberhafte linke Vorderpfote ab. Verdammt noch mal, du kleines Biest! Tu doch nicht so, als ob du schwerhörig wärst! Wir beide wissen doch, wozu unsere Katzenohren imstande sind! 27 Muskeln an ihnen richten sich auf das kleinste, für Menschen unhörbare Geräusch aus.

Jetzt spielt sie mit dem Vorhang, dreht sich einmal um sich selbst und wickelt sich in das zarte, weiße Gewebe ein. Ein Schleiertanz — allerdings hat deine biblische Namensvetterin es umgekehrt gemacht, die hat die Dinger von sich geworfen. Ich muß lauter werden! „Salome! Es ist Frühling! Die Zeit für Katzenliebe!" Sie dehnt und streckt sich und — es ist nicht zu fassen — dann gähnt sie!

Sie legt es darauf an, daß ich meine Beherrschung verliere! Am liebsten würde ich sie ins Genick beißen und sie ordentlich durchschütteln. Ich bin schließlich der schönste Kater in der ganzen Nachbarschaft. Schau mich doch einmal an, du alttestamentarische Verführerin! Aber ich kriege dich noch so weit, daß du um meine Gunst bettelst. Nicht umsonst heiße ich Caruso!

Ich hole tief Luft, strecke meinen prächtigen Kopf in die Höhe und beginne mit einer Arie, die alle italienischen Kater in der Arena von Verona vor Neid zum Verstummen bringen würde.

„Mi-mi-mi-au-au-au — Salome werd meine Katzenfrau! — Mi-mi-mi-au-au-au-i-i-i — ich habe Zeit bis in der Früh!"

spannter Haltung, von den süßen Öhrchen bis zum Schwanzspitzlein sitzt sie da und schaut mit weitgeöffneten Augen auf mich herunter. Jetzt noch ein paar Schmettertöne im Falsett, und sie spielen Granada für uns beide! Mitten im hohen C geht im Nebenhaus ein Fenster auf, jemand brüllt: „Verdammte Katzenmusik." Und haar-

Caruso heißt unser verliebter Siamkater: „Salome macht mich wahnsinnig". Selbstverständlich gibt es auch da ein Katzen-Happy-End. — Foto: Carla Schwab

scharf an meiner Nase fliegt ein dickes Buch vorbei. Banausen! Anderswo wirft man Rosen auf Sänger, hier schwere Literatur. Mal sehen, welchen Titel das Wurfgeschoß hat? Ah: „Vom Winde verweht“ – wenigstens ein Liebesroman. Passend zu meiner Stimmung. Selbst wenn der unmusikalische Mensch seine ganze Bibliothek auf mich schleudert, ich singe weiter!
Und Salome? Männer, Katerbrüder, Landsleute – ich habe sie! Sie schnurrt! Ich sehe es ganz deutlich an ihren bezaubernden, zitternden Barthaaren!

Sie haben sich also entschlossen, Ihren Kater nicht kastrieren zu lassen, weil Sie züchten wollen. Das, bitte, sollte der einzige Grund sein, nicht etwa Fahrlässigkeit oder aus der menschlichen Vorstellung heraus, der liebe Kleine sei noch zu jung, um sich schon für Katzenmädchen zu interessieren. Wie schon in einem früheren Kapitel angeführt, wird der Kater zwischen dem siebenten und zehnten Monat geschlechtsreif. Und von da an passiert's!
Sie wollen also Katzennachwuchs, haben eine geeignete Partnerin — und vor allem auch deren willige Besitzer — gefunden. Dann müssen Sie in den meisten Fällen die dazugehörige Katzenmusik in Kauf nehmen. Denn still wirbt der Kater um seine Kätzin nicht.
So zärtlich Katzen sonst miteinander umgehen, beim Geschlechtsakt ist davon wenig zu merken. Die Kätzin rollt sich auf dem Boden, das Hinterteil leicht hochgereckt, um den Kater anzulocken. Der springt auf sie zu, beißt sie in den Nacken, um sie festzuhalten, und nach ein paar Sekunden ist alles vorbei. Verschwindet er dann nicht sofort, bekommt er einen kräftigen Schlag mit der Pfote. Romantik ist für die Kätzin nicht angesagt. Der Kater hat seine Pflicht zur Erhaltung der Art getan, jetzt kann er sich trollen.
Wenn Sie Ihren Kater zur Zucht benützen wollen, so ist es selbstverständlich, daß Sie bei ihm eine besonders genaue Gesundheitsvorsorge treffen. Nur dann kann es gesunden Nachwuchs geben.

Medizinische Tips

Leukose der Katze: Schon im Impfplan für die Jungkatze ist diese gefürchtete Infektionskrankheit erwähnt und die Impfung dagegen, die es erst seit einiger Zeit gibt, dringend empfohlen worden. Das Heimtückische an diesem Virus, der unter anderem eine Schwächung des Immunsystems der Katze hervorruft, ist, daß vom Eintritt der Infektion bis zum sichtbaren Ausbruch lange Zeit vergehen kann, so daß permanente Virusausscheider oft nicht erkannt werden. Da bei unseren Katzen das Virus nicht nur im Blut, sondern auch in anderen Körperflüssigkeiten, wie z. B. in Speichel, Nasensekret und Harn, vorhanden ist, ist die Verbreitung dieser Krankheit sehr groß.
Wie wir heute wissen, kann das Leukosevirus einen ganzen Komplex von Symptomen hervorrufen, weshalb man bei vielen therapieresistenten Krankheitsbildern an eine Leukoseinfektion denken muß. Ein eindeutiger Beweis läßt sich durch einen Blut- oder Speicheltest erbringen. Für uns Menschen ist dieses katzenspezifische Virus ungefährlich.

Ohr der Katze: Das Kratzen hinter dem Ohr kann eine typische Katzengeste sein, ohne daß eine Erkrankung vorliegen muß. Selbstverständlich soll man die

Katze bei häufigem Juckreiz genau untersuchen. Flöhe halten sich gerne hinter dem Ohr, also im Halsbereich, auf. Ein typischer Hinweis ist das Vorliegen von Flohkot, den man als dünne, kleine schwarze Fäden erkennt, die sich beim Auflösen im Wasser rot verfärben. Eine gezielte Flohbekämpfung behebt die Ursache.

Sehr oft sind es, speziell bei jungen Katzen, Ohrmilben, die zu einem starken Juckreiz führen. Der Tierbesitzer bemerkt bei der Ohrpflege seiner Katze einen trockenen, krustenartigen Schmutz im Gehörgang. Diese Milben können unter anderen Ursachen auch der Grund für eine Ohrentzündung sein. Hier muß der Tierarzt die Ursache mit dem Ohrspiegel feststellen und eine geeignete Therapie verordnen. Wichtig ist aber auch, daß der Juckreiz unterbunden wird, weil durch die scharfen Krallen starke Hautverletzungen beim Kratzen entstehen.

Ablehnung der ausschließlichen Fütterung der Katze mit Innereien: Die ausschließliche Fütterung der Katze mit Innereien, wie Herz, Leber, Nieren usw., wird von manchen Tieren gerne angenommen und von vielen Tierbesitzern als gutgemeintes Gustostück verfüttert. Innereien beinhalten aber eine große Menge an fettlöslichen Vitaminen, die unsere Katze nicht verarbeiten kann. Schwere Veränderungen im Skelettsystem und an den Gelenken sind dann besonders im Alter die schmerzhaften Folgen.

Wenn überhaupt, sollte man diese Innereien maximal einmal pro Woche verfüttern. Wenn bei Ihrer Katze die genannten Symptome auftreten, sollte der Tierarzt aufgesucht werden, der mit einer gezielten Therapie und natürlich einer Futterumstellung schlimmere Veränderungen verhüten kann.

SALOME, SIAMKATZE, ZWEI JAHRE ALT:

Ich war immer schon der Meinung, daß Menschen bei ihrer Entwicklung irgendwo, weit unter uns Katzen, stehengeblieben sind. Wo bei uns eine natürliche Vernunft herrscht, besteht bei ihnen ein natürliches Chaos — in Gedanken, Gefühlen und in ihrem Benehmen. Mag sein, daß sie in dem, was sie Normalzeiten nennen, noch einigermaßen über die Runden kommen. Gibt es aber die kleinste Abweichung ihres üblichen Alltags, flippen sie aus. Auf eine durchaus rührende Weise — wie momentan in meinem Fall —, aber doch irgendwie störend. Ich bin trächtig, was gibt es Selbstverständlicheres? Doch das Theater in meiner Menschenfamilie hätten Sie sehen sollen! Dabei war es für sie keineswegs eine Überraschung, schließlich wollten sie, daß ich Junge bekomme, und haben deshalb Caruso auch ins Haus gelassen.

Wieso sie also jetzt so einen Wind um die Sache machen, das müßte unsereinem ein Konrad Lorenz für Menschen erklären.

Die Zweibeinerfrau betrachtet mich mit feuchten Augen und streichelt mich, wo immer sie mich erwischt. Dabei hat sie selbst im letzten Jahr ein Junges geboren, ohne daß ich das geringste Aufheben davon gemacht habe.

Der Menschenmann hat mir eigenhändig eine Kiste gezimmert — sich dabei einen Daumen blaugeschlagen und einen Haufen verbogener Nägel produziert, die ich einzeln mit der Pfote unter das Sofa geschossen habe. Es kam aber kein Wort des Tadels, nur ein mit für mich vollkommen unverständlicher Feierlichkeit gesprochener Satz: „Darin wirst du deine Jungen bekommen, Salome!"

Und dann haben sie die Kiste weich ausgepolstert und mich zur Probe hineingesetzt, damit ich auch begreife, was sie meinen. Völlig überflüssig, liebe Leute — ich weiß, was ihr wollt. Aber ich weiß auch, was ich will — ich habe nämlich bereits das unterste Fach des Wäscheschranks ins Auge gefaßt. Dort auf den frischen Handtüchern riecht es nämlich wunderbar nach Lavendel, und außerdem bin ich gegen eure neugierigen Blicke geschützt.

Daß sie schon Spielzeug für meine Jungen gekauft haben, finde ich ganz nett — selbstverständlich benütze ich es. Aber heute habe ich mich wirklich über die Frau geärgert: Ich habe einen Sprung vom

Bücherregal auf den Schreibtisch gemacht, mein üblicher Weg beim Zimmerrundgang. Da hat sie mich hochgehoben und gesagt: „Nein, Salome! Solche Sprünge darfst du in deinem delikaten Zustand nicht mehr absolvieren!"
Ich habe sie wütend angepfaucht. Was fällt ihr ein, in meine Gewohnheiten einzugreifen, und was heißt überhaupt „delikater Zustand"? Diese Menschensprache ist doch ziemlich dumm! Das einzig Delikate, das ich kenne, sind kleine weiße Fischstückchen, mageres Rindfleisch — auch für sauren Rahm lasse ich das Wort noch gelten. Aber für sonst schon nichts! Übrigens, das ist das Positive an dem wirren Benehmen der Familie: ich bekomme fast nur mehr Leckerbissen serviert.
Allerdings ist das keine Entschuldigung dafür, daß die beiden seit ein paar Tagen immer ihre Ohren an meinen Bauch legen. Was, zum Kuckuck, erwarten sie zu hören? Ein Symphoniekonzert? Wenn ich dann einen wütenden Buckel mache, sind sie keineswegs beleidigt, sondern nicken einander zu und murmeln: „Das ist die Nervosität!"
Nun, ihr lieben Leute, diese Selbsterkenntnis eurerseits rührt mich denn doch, und ich schnurre beruhigend. Keine Sorge, laßt mich nur machen, dann werdet ihr die Geburt schon überstehen!

Sie haben sich also entschlossen, daß Ihre Katze Junge bekommt. In manchen Fällen hat sich natürlich auch nur Ihre Katze dazu entschlossen! In der Haltung ist diese Zeit der Trächtigkeit an sich unproblematisch, neigen Kätzinnen doch nicht zu den üblichen Schwangerschaftsbeschwerden der Menschendamen. Allerdings sollten Sie schon bis zu der Geburt (die Trächtigkeit einer Katze beträgt im Durchschnitt 58 bis 61 Tage) einige Vorbereitungen treffen.

Wollen Sie die Jungen nicht behalten, so nützen Sie diese zwei Monate, um sich bereits um geeignete Plätze für die Kleinen umzusehen. Die zukünftigen Katzenbesitzer haben dann Zeit, sich auf den Neuzuwachs einzustellen und sich mit Ihnen darüber zu freuen.

Als Vorbereitung für die Geburt stellen Sie Ihrer Katze einen geeigneten Wurfplatz zur Verfügung. Eine Kiste oder einen Korb an einem ruhigen Platz sind dafür geeignet. Seien Sie aber bitte nicht enttäuscht, wenn Ihre Katzendame dann diesen liebevoll hergerichteten Platz nicht benützt. Katzen sind auch bei diesem Ereignis eigenwillig und verschmähen sehr oft die menschliche Wahl.

Katzenbesitzer, die schon einen Wurf erlebt haben, berichten von den originellsten Orten, auf die sich die Kätzin im entscheidenden Augenblick zurückzieht — Schränke, Kohlenkeller, Ofenlöcher, Betten oder sogar Duschtassen im Badezimmer.

Die Geburt selbst verläuft meistens unproblematisch, nach den Preßwehen kommen die Jungen hintereinander zur Welt. Die Katze leckt sie ab, um die noch schwachen Lebensgeister zu wecken, und dann suchen die Babys bereits die Zitzen der Mutter. Jedes wird in der ganzen Zeit des Säugens immer wieder dieselbe Zitze nehmen. Sie erkennt sie am Geruch.

Danach folgt jeden Tag derselbe Rhythmus: trinken, putzen, schlafen. Auch dann noch kann die Mutter sich entscheiden, einen neuen Platz zur Aufzucht ihrer Kleinen zu suchen. Durch einen Biß ins Genick der Welpen löst sie eine Tragstarre aus und trägt sie einzeln in das neue Versteck.

Katzen sind hervorragende Mütter, die ihre Jungen ohne jeden Eingriff der menschlichen Besitzer bestens erziehen. Sie halten die Welpen von jeder Gefahr fern — in autoritärer, pfotengreiflicher Weise — und bringen ihnen schnell bei, wie ein sicheres Katzenleben aussieht. Aber neben aller Strenge sind sie von unendlicher Zärtlichkeit — einem strafenden Pfotenschlag folgt meist gleich ein sanftes Ablecken, so daß sich die Kleinen wirklich geborgen fühlen.

Es ist selbstverständlich, daß sie besonders in den ersten Wochen, ihre Jungen gegen alle Störungen von außen beschützen. Sie schätzen da auch keine liebevollen Ausbrüche der Katzenbesitzer. Halten Sie sich also zurück und überlassen Sie anfangs das Schmusen mit den Babys der Katzenmutter.

Medizinische Tips

Die trächtige Katze: In der Zeit der Trächtigkeit muß auf den erhöhten Futterbedarf der Katze Rücksicht genommen werden. Je nach Trächtigkeitsstand benötigt eine werdende Katzenmutter die zwei- bis dreifache Futtermenge. Jetzt ist es vorteilhaft, mehrmals täglich Futter zu verabreichen. Kalzium und Vitamine sollten je nach Art der Ernährung vermehrt zugeführt werden.
Gegen Ende der Trächtigkeit wird man einen geeigneten Platz (Wurfkiste, größeres Körbchen) für die Geburt bereitstellen. Die Geburt des ersten Welpen kann wenige Minuten, aber auch bis zu zwei, bei Erstgebärenden bis zu vier Stunden dauern. Danach liegen die Pausen bei 30 Minuten. Die Katze soll während der Geburt möglichst nicht gestört werden. Tierärztliche Hilfe ist erforderlich, wenn trotz starker Wehen nach vier Stunden noch kein Welpe geboren ist, wenn die Wehen sistieren, ein blutiger Ausfluß auftritt, ein Welpe im Geburtskanal stecken bleibt, oder wenn nach der Geburt eine Temperaturerhöhung über 39 Grad auftritt. Meist verlaufen Katzengeburten ohne Probleme, jedoch ist es ratsam, wenn der Katzenbesitzer vor dem Geburtstermin einen Katzenmilchersatz zur Welpenaufzucht besorgt, um für jeden Fall gerüstet zu sein.

Entwurmung der Katze: Die Art und die Häufigkeit der Entwurmung muß man den verschiedenen Lebensbedingungen der Tiere anpassen. Katzen, die in Wohnungen gehalten werden, nicht an Flohbefall leiden und mit gekochtem oder beschautem rohen Fleisch sowie mit Fertigfutter gefüttert werden, sind der Gefahr einer Wurminfektion weniger ausgesetzt als andere. Der häufigste Wurmparasit ist der *Spulwurm,* der schon durch die Muttermilch übertragen wird. Deshalb ist es wichtig, eine trächtige Katze und in der Folge die Welpen mehrmals zu entwurmen. Der zweithäufigste Wurmbefall ist der *Bandwurm.* Die Infektion findet durch Zerbeißen von Flöhen statt, weshalb eine rechtzeitige und regelmäßige Flohbekämpfung wichtig ist.
Verdacht von Wurmbefall ist angezeigt bei Abmagerung, Durchfall, stumpfem Fell und Juckreiz in der Aftergegend. Die Diagnose kann man durch eine Stuhluntersuchung absichern. Als Vorbeuge- und hygienische Maßnahme wird eine jährliche Entwurmung der Katze empfohlen.
Nehmen Sie aber nicht irgendein Medikament, hier sind schon viele Fehler passiert. Wenden Sie sich an Ihren Tierarzt, der die für Ihr Tier geeignete Wurmkur in der richtigen Dosierung vorschreibt.

Erbrechen der Katze: Bei einer Katze muß das Erbrechen nicht immer ein Krankheitssymptom sein. Beim Reinigen des Felles werden oft Haare verschluckt, die dann als Haarballen im Magen- und Darmtrakt schwere Probleme

Katzen sind liebenswerte und eigenständige Lebewesen. Darüber hinaus aber auch ästhetische Wunderwerke der Natur.

Fotos: Effem, Bruck/L. (Dup-Studio, Hamburg, unten), VDK, Hamburg (oben)

hervorrufen. Durch Aufnahme des sehr wichtigen Katzengrases regt die Katze das Erbrechen an und versucht damit, den Verdauungsapparat zu reinigen.

Milch trinken und Eier: Manche Katzen verlieren ab einem gewissen Alter die Fähigkeit, Milchzucker zu spalten, so daß Milch Durchfall hervorrufen kann. Wenn dieses Problem nicht auftritt, kann ruhig weiter Milch angeboten werden. Man sollte sie jedoch bei Auftreten einer Verdauungsstörung sofort weglassen. Eier sind eine gute Eiweißquelle, können aber, wenn sie im Übermaß gefüttert werden, Schädigungen des Haares und Durchfall bringen. Daher muß immer eine ausgewogene Ernährung der Katzen angestrebt werden.

Benny, Foxterrier, fünf Jahre alt:

Sie haben meinetwegen stundenlangen Familienrat abgehalten. Herrchen, Frauchen und die beiden Kinder. An sich schätze ich es ja, wenn ich der Mittelpunkt ihres menschlichen Daseins bin. Allerdings vor allem dann, wenn man sich mit mir beschäftigt, mit mir spielt, spazierengeht und mich streichelt. In diesem Fall war ich nur der verbale Mittelpunkt, sie haben geredet und gestritten über mich, ohne mir auch nur einmal ein Bällchen zu werfen. Es ging um den Urlaub — nehmen wir ihn mit oder lassen wir ihn da? Als ob ich ein Regenschirm wäre! Ich habe ein paar Mal heftig meine Meinung in die Runde gekläfft, aber sie haben meinen Diskussionsbeitrag einfach ignoriert.

Typisch für die Menschen — die Stimme desjenigen, um den es geht, zählt nicht: das ist ja bei diesem wirren Haufen, den sie Parlament nennen, nicht anders. Da reden auch nur ein paar Privilegierte über die Probleme von Normalbürgern, die diese gar nicht hätten, gäb's die Politiker nicht!

Selbstverständlich will ich mit in den Urlaub fahren, schließlich ist unsereins nur dann wirklich glücklich, wenn er bei seinen Besitzern ist. Nun, ich stellte bald fest, daß die Kinder auf meiner Seite waren, Frauchen schwankte in ihrer Meinung noch unentschlossen hin und her, Herrchen war gegen meine Gesellschaft auf der Reise. „Es wird nur Probleme bringen", sagte er. „Bei der Autofahrt und im Hotel. Und teurer wird durch den Hund auch alles!"

Aber da erinnerte ihn seine bessere Hälfte daran, was für Probleme es bisher gebracht hatte, wenn ich hiergeblieben war. Die zwei Wochen damals in der Hundepension, die ich vor Kummer durchgebellt hatte und vollkommen heiser war, als sie mich abholten; und die Ereignisse im letzten Jahr, als ich bei ihrer Tante Anna deponiert wurde, die waren auch nicht ohne! Vor allem für die Tante. Die war hinterher mit ihren Nerven am Ende, beklagte den Verlust mehrerer Vasen, eines scheußlichen Gummibaumes (mein ästhetisches Empfinden war durch seinen Anblick so gestört, daß ich ihn aus dem Topf gescharrt und in kleine Stückchen zerbissen hatte) und eines Teppichs, dessen lange Fransen gleich an meinem ersten Tag dort daran glauben mußten.

Die Negativaussage „wie Hund und Katze", also schlecht zusammenzuleben, ist eines von vielen Vorurteilen, die man Tieren unterstellt. — Foto: „Ein Herz für Tiere"

„Wenn man zusammenrechnet, was wir der Tante Anna alles ersetzen mußten, so kommt es billiger, Benny mitzunehmen", warf sich die Gute nun plötzlich auf meine Seite in die Schlacht. Und hatte damit instinktiv das richtige Argument gewählt. Sie kennt ihren Göttergatten, der schaut aufs Geld. Meine Parteigänger hatten somit gewonnen. Die Kinder jubelten, Frauchen lächelte, ich sprang begeistert auf das Sofa und verteilte Siegerküsse.
Herrchen versuchte noch einen letzten, ziemlich perfiden Schachzug: „Dann muß euch aber klar sein, daß wir nicht nach Italien fahren! Das ist für den Hund eine zu lange und zu heiße Reise!"
Seine drei Kontrahenten versicherten einstimmig, daß sie ohnehin lieber im Lande bleiben würden. Und daran sah ich, daß sie mich wirklich lieb haben! Denn daß das zumindest bei den beiden Kindern eine Lüge war, ist mir schon klar.
Aber wie die Gefühle meines Herrn sind, zeigt sich dann, als wir beide allein am Abend vor dem Fernsehapparat saßen. Bei einem Bericht über verschmutztes Meer und Algenteppiche kraulte er mir plötzlich die Ohren und sagte: „Das haben wir gut gemacht, wir beide, was, Benny?" Und er grinste mich an.
So ein Gauner, so ein gerissener! Er muß im früheren Leben ein Foxl gewesen sein!

Katzen hängen an ihrer gewohnten Umgebung, Hunde an ihren Besitzern. Daher ist der Hund glücklicher, wenn er mit „seinen" Menschen auf Urlaub fahren kann. Wenn auch Herrchen und Frauchen die Ferien lieber mit ihrem Vierbeiner verbringen wollen, so läßt sich das mit einiger Überlegung und Planung für alle Teile durchaus zufriedenstellend gestalten.
Ideal ist natürlich in diesem Fall ein Urlaub im Heimatland. Aber auch hier sollte man nicht einfach ins Blaue fahren, in der festen Überzeugung, jeder Hotelbesitzer oder Zimmervermieter müßte Hunde genauso lieben, wie wir selbst. Beim Buchen des Quartiers ist unbedingt der vierbeinige Begleiter zu erwähnen. Ihn als Überraschung mitzubringen, kann auf beiden Seiten Ärger verursachen. Es gibt eine Liste des Österreichischen Fremdenverkehrverbandes über Unterkünfte, bei denen der Hund freundlich willkommen geheißen wird. Fertigfutter gehört ins Reisegepäck, denn die kulinarische Erlebnisbereitschaft bei Urlaubskost ist bei einem Vierbeiner wesentlich geringer ausgeprägt als bei uns Menschen. Der gewohnte Futternapf, seine Schlafdecke und sein Lieblingsspielzeug helfen ihm zusätzlich, sich an die fremde Umgebung zu gewöhnen.
Tritt man die Reise im eigenen Auto an, so sollte man die Fahrt schon vorher in Etappen planen, damit der Hund auch zwischendurch ein wenig Bewegung machen und seine üblichen Geschäfte verrichten kann. Wasser und eine Trinkschüssel gehören ins Handgepäck.
Bei Zugreisen lösen Sie selbstverständlich eine Fahrkarte für ihn. Hunde-Schwarzfahrer erwischt der Schaffner noch leichter als menschliche. Bestehen Sie aber nicht darauf, daß Ihr Liebling durch die Fahrkarte ein Anrecht auf einen Sitzplatz hat, das ist nämlich nicht der Fall. Deshalb ist es günstig, eine kleine Decke für ihn mitzuhaben, auf der er zu Ihren Füßen liegen kann. Und, bitte, geben Sie ihm einen Maulkorb, schon allein um ängstliche Mitreisende nicht in Nervenkrämpfe verfallen zu lassen.
Nehmen Sie Ihren Hund im Flugzeug mit, erkundigen Sie sich vorher bei der jeweiligen Linie nach den entsprechenden Bedingungen. In den meisten Fällen sind nämlich nicht mehr als zwei Hunde pro Flug gestattet.

Medizinische Tips

Reisen mit dem Hund: Für den Grenzübertritt und die Wiedereinreise nach Österreich ist eine Tollwutimpfung erforderlich. In der Regel darf diese nicht jünger als einen Monat und nicht älter als ein Jahr sein. Nur Jugoslawien erkennt eine sechsmonatige Gültigkeit der Impfung an. Der Nachweis der Impfung ist aus dem mitgeführten Impfpaß ersichtlich. Manche Länder verlangen zusätzlich ein amtstierärztliches Gesundheitszeugnis, welches kurz vor der Reise von dem je-

weiligen Amtstierarzt ausgestellt werden muß. Im Raum Wien sind die Amtstierärzte in den zuständigen Bezirksämtern täglich zwischen 8 und 9 Uhr sowie 14 und 15 Uhr erreichbar. In den Bundesländern gibt die jeweilige Bezirkshauptmannschaft Auskunft. Für *Deutschland* und die *Schweiz* benötigt man kein amtstierärztliches Gesundheitszeugnis.
Bei Reisen *außerhalb Europas* sollte man die zuständige Botschaft des Landes kontaktieren, um die gültigen Einreisebestimmungen zu erfahren. Bedenken Sie aber, daß es einige Länder gibt (wie z. B. England, Kanada, Schweden, Norwegen usw.), die eine Quarantäne vorschreiben.
Was die Tollwutimpfung betrifft, ist übrigens auch bei Urlaubs- oder Wochenendaufenthalten in Österreich eine Impfung anzuraten, da es Jahr für Jahr auch in unserem Bundesgebiet zum Ausbrechen dieser Seuche kommt.

Reiseapotheke für den Hund: Da es, wie für uns Menschen, auch bei unserem vierbeinigen Reisebegleiter zu gesundheitlichen Störungen im Urlaub kommen kann, sollte man auch für das Tier eine kleine Reiseapotheke mitnehmen. Bedenken Sie bitte, daß gerade in südlichen Touristenzentren in Ermangelung von Groß- und Kleintierhaltung oft kein Tierarzt ansässig ist, so daß man kleine Wehwehchen selbst in den Griff bekommen muß. Ähnlich wie bei Menschen, stehen da die *Verdauungsprobleme* an erster Stelle. Deshalb gehören Medikamente gegen Durchfall und Verstopfung in die menschliche und tierische Reiseapotheke.
Auch an *Hautkrankheiten* muß man denken, die sich bei unseren Vierbeinern meist als juckendes Ekzem zeigen. Hier helfen Antihistamin- und in besonders starken Fällen Cortisontabletten. Eine lindernde Hautlotion sowie Augen- und Ohrentropfen sollten nicht fehlen. Speziell bei älteren Tieren kann ein Kreislaufmittel notwendig werden.
Bei kleinen Verletzungen reicht meist die eigene Autoapotheke. Da unsere Tiere sich in Rasse, Größe und Alter unterscheiden, kann man nicht, wie bei menschlichen Urlaubern, eine generelle Reiseapotheke zusammenstellen. Ihr Tierarzt wird Ihnen hier am besten und ganz individuell helfen.

Hitze: Hitze macht auch unseren Hunden sehr zu schaffen. Hier spielt Rasse, Alter, Fellänge und Farbe des Tieres eine große Rolle. An sehr heißen Tagen soll man bemüht sein, seinem Tier keine allzu großen Anstrengungen zuzumuten. Da Hunde durch Hecheln (Luftaustausch) die Körpertemperatur konstant halten, kann es hier in extremen Situationen zu Hitzschlag oder Herzversagen kommen. Erste Hilfe in so einem Fall: sogleich kaltes Wasser über Hals und Nacken des Tieres rinnen lassen. Wenn sich der Hund dann etwas erholt hat, muß sofort ein Tierarzt aufgesucht werden.

Buschige Augenbrauen, ein struppig-dichter Bart: Der Scotch-Terrier ist ein drolliger, würdevoller Hund, lieb, lustig und treu (oben). Leicht erziehbar ist der Münsterländer Vorstehhund (unten). — *Fotos: IDH, Hamburg*

Menschen und Tiere: Ihr Zusammenleben zum großen Vorteil beider war für beide seit Beginn der Schöpfung vorgesehen. — Fotos: VDK, Hamburg

Das Wichtigste: Lassen Sie nie im Sommer einen Hund im Auto allein, selbst wenn der Wagen im Schatten geparkt ist. Denn der Sonnenstand ändert sich schnell, und dann wird das Fahrzeug für Ihren Vierbeiner zu einer Gluthölle. Binden Sie auch nie den Hund in der prallen Sonne irgendwo an, wo er nicht selbst Schatten aufsuchen kann.
Was die Fütterung betrifft, so sollte sie nicht in der heißen Tageszeit erfolgen. Geben Sie dem Hund lieber in den kühlen Abendstunden seine Futterration. Und selbstverständlich braucht er in den warmen Sommertagen mehr Flüssigkeit als sonst.

Strolch, Hundemischling, sieben Monate alt:

Meine Mutter war eine nicht ganz reinrassige Schäferhündin, mein Vater eine Bracke — und ich bin „passiert“, wie das in der menschlichen Sprache heißt und auch bei zweibeinigen Männchen und Weibchen vorkommen kann. Sicherlich geschieht es auch bei den Menschen, daß dann das Ereignis in einem Heim landet — wenn auch nicht so oft wie bei uns Hunden.

Ich kam also im Alter von acht Wochen in ein Tierheim, in einen Zwinger mit anderen abgeschobenen Hunden. Ich will ganz sicher nicht undankbar erscheinen, denn ich blieb immerhin am Leben. Ich bekam zu fressen, und die menschlichen Pfleger erwiesen sich als ganz freundlich. Nur Zeit, sich mit mir zu beschäftigen, hatten sie natürlich kaum. Und so war ich meinen Zwingergenossen auf Gedeih und Verderb ausgeliefert, sechs Monate lang. Offensichtlich war ich nicht hübsch genug, um von den Interessenten, die immer wieder durch das Gitter starrten, mitgenommen zu werden. Ich möchte eigentlich an diese Monate gar nicht mehr denken. Aber es gelingt mir nicht. Noch heute träume ich in der Nacht davon und fürchte mich untertags, wenn ich einen besonders großen Hund sehe. Denn einige von diesen Exemplaren sind im Heim immer wieder auf mich losgegangen und haben mich zu Tode erschreckt.

Seit einem Monat erst lerne ich, ein normales Hundeleben zu führen, seit mich nämlich eine Familie aus dem Heim geholt hat. Ich habe ihnen leid getan, weil ich zusammengerollt in der Ecke lag und zitterte. Sie sind sanft und geduldig und zärtlich zu mir, und zum ersten Mal weiß ich, was das Wort „Liebe“ bedeutet. Ich habe Glück mit diesen Menschen, und ich wünsche mir so sehr, sie auch glücklich zu machen. Denn ich habe Angst, daß sie mich wieder zurückbringen. Aber wenn man Angst hat, macht man so vieles falsch. Und jeder Fehler macht einem wieder Angst. Wenn ich es dann gutmachen will, wird’s oft noch schlimmer, und ich komme ganz durcheinander.

Da war die Sache mit der Reinlichkeit, aber die habe ich schnell begriffen. Man macht nicht ins Zimmer, sondern erledigt sein Geschäft im Freien. Und genau dieses Freie ist bis heute noch mein großes Problem geblieben. Wer so wie ich immer nur ein Stückchen Him-

mel gesehen hat, den erschlägt es fast, plötzlich den ganzen zu sehen. Dieses Weite, dazu Bäume, Häuser und Autos und alle Geräusche. Ich konnte es kaum ertragen und wollte immer wieder nur sofort in die Wohnung zurück. Ging es mir nicht schnell genug, schnappte ich mir Herrchens Hosenbein und zerrte daran, um uns beide wieder in die Sicherheit der vier Wände zu bringen.
Langsam wird das jetzt besser. Meine Menschen gehen jeden Tag ein Stück weiter mit mir spazieren, mit sanftem Geplauder und beruhigendem Streicheln. Das hilft. Denn heute habe ich mich zum ersten Mal nicht mehr panikerfüllt an den Boden gepreßt, als uns ein großer Hund entgegenkam. Das Wunderbare daran war, daß meine Familie verstand, was es für mich bedeutete, aufrecht, auf meinen vier Beinen sich dem Leben zu stellen. Sie sagten etwas von Stolz und daß sie gehofft hatten, es würde gut gehen mit mir.
Hoffnung — ein neues Wort für mich. Das schönste und wichtigste, das ich bisher gehört habe. Ich will es nie wieder verlernen!

Die Entscheidung, ein Tier aus einem Heim zu holen, ist eine sehr anständige, sehr humane; und eine sehr schwerwiegende. Denn die Prägephase bei einem Hund findet als Welpe, also schon im Alter von wenigen Wochen statt. Da macht er seine Erfahrungen mit den Menschen und der Umwelt. Erfahrungen, die er ein ganzes Leben mit sich trägt. Selbst im bestgeführten Tierheim kann er nicht alles lernen, was er später im Zusammenleben mit den Menschen wissen muß. Auch ein junger Hund, der nur wenige Wochen oder gar schon Monate in einem Heim auf den Tag seiner Abholung warten mußte, hat in den meisten Fällen einiges erlebt, das ihn verstört und ängstlich machen kann.

Auseinandersetzungen mit anderen Hunden, die räumliche Beschränktheit, der Mangel an Auslauf; bei aller Bemühtheit der Pfleger hat er sich noch nicht an einen regelmäßigen, engen Kontakt mit Menschen gewöhnen können.

Das alles spricht aber nicht dagegen, ein solches „Waisenkind" zu adoptieren. Es sollte Ihnen nur klar sein, daß Sie hier besonders viel Geduld, Nachsicht und vor allem Liebe brauchen, bis sich das Tier an ein normales Hundeleben gewöhnt hat. Ist Ihnen das gelungen, dann allerdings werden Sie eine besonders innige, lebenslange Partnerschaft mit Ihrem geretteten Vierbeiner haben. Zumal ja besonders Mischlinge, um die es sich in den meisten Fällen handelt, besonders treue, liebenswerte und auch gesundheitlich stabile Tiere sind.

Wählen Sie ein älteres Tier aus dem Heim, so sollten Sie sich in Ihrem — und auch seinem — Sinn, genau erkundigen, wo es vorher gelebt hat. Ein Hund, der bei einem Vorbesitzer ohne Kinder aufgewachsen ist, wird sich wahrscheinlich in seinen reifen Jahren nicht mehr leicht an Kleinkinder gewöhnen können. Ein Tier, das einen Garten gewöhnt war, hat es sicher schwer, nun plötzlich in einer Wohnung gehalten zu werden.

Ein trauriges Kapitel schreiben natürlich auch jene Hunde, die in schlechten Händen waren. Geschlagene und gequälte Tiere, die ihr Vertrauen in den Menschen verloren haben. Ein seriöses Tierheim wird auf diese Umstände hinweisen. Hier sind nur wirkliche Hundekenner mit viel Zeit und Geduld die richtigen neuen Herrchen und Frauchen.

Alle diese Überlegungen aber sollen Sie, falls die Absicht besteht, einen Hund aus dem Heim zu holen, nicht davon abhalten. Es ist auf alle Fälle eine gute Tat. Nur sollte man sich über die Schwierigkeiten vorher im klaren sein. Denn ein Tier ist kein Gegenstand, den man bei Nichtgefallen beliebig umtauschen kann. Und einen einmal aus dem Asyl geholten Hund wieder zurückzubringen, das ist das Schlimmste, was man ihm antun kann.

Ein echter „Cavalier", der King-Charles-Spaniel, und ein freundlicher Begleiter des Stadtmenschen. — Foto: IDH, Hamburg

Voller Witz ist der West Highland White Terrier. Trotz seines kleinen Wuchses ist er unempfindlich und unproblematisch, ein guter Spielgefährte für Kinder.

Foto: IDH, Hamburg

Medizinische Tips

Zahnpflege beim Hund: In den letzten Jahren hat die Zahnheilkunde für Tiere große Fortschritte gemacht. Und gerade die Wiener Schule ist hier weltweit führend. Mit dem Verlust der Milchzähne — meist im fünften bis siebenten Lebensmonat — und dem Durchbruch der bleibenden Zähne beginnt für den Tierbesitzer die Zeit, wo er an die Zahnpflege seines Hundes denken soll. In diesem Lebensalter können speziell bei kleinen Hunderassen (wie z. B. Yorkshire Terrier, Zwergpudel usw.) Milchzähne nicht ausfallen. Diese müssen dann durch den Tierarzt gezogen werden, da sonst neben Zahnfehlstellungen, Zahnfleischschwund auch verstärkte Zahnsteinbildung entstehen können.
Zahnstein — jene braune Verfärbung an der Zahnoberfläche ist wohl das häufigste Problem, und damit verbunden sind Erkrankungen des Zahnhalteapparates und des Zahnfleisches.
Kauknochen und Kaustangen sind eine gute, aber nicht hundertprozentige Vorbeugung. Regelmäßiges Zahnsteinentfernen durch den Tierarzt sollte dazu beitragen, ein gesundes Gebiß zu erhalten.
Die Entstehung von Karies ist beim Hund weniger häufig als bei uns Menschen. Hier spielt auch die Fütterung, die Pflege und eine rassebedingte Veranlagung eine wichtige Rolle. Bei Karies und anderen Problemen, wie Zahnbruch und Zahnersatz, arbeitet der Tierarzt genauso wie der Zahnarzt beim Menschen.
Heute werden Munddesinfektionsmittel, Zahnpasten und eigene Hundezahnbürsten angeboten, die sich durchaus bewährt haben.

Juckreiz: Der Juckreiz ist bei unseren Tieren sicher das häufigste wie auch komplizierteste tierärztliche Problem. Die Schwierigkeit daran ist, daß dieser Juckreiz viele Ursachen haben kann. Neben schweren organischen und hormonellen Erkrankungen, die eine genaue Diagnose erfordern, können auch Futterunverträglichkeiten und Allergien Hautjucken hervorrufen. Wichtig für den Tierbesitzer ist jedoch zu wissen, daß unsere Tiere zweimal im Jahr — im Frühjahr und im Herbst — ihr Haarkleid wechseln, was die Haut besonders für den Juckreiz anfällig macht. Genau zu diesem Zeitpunkt ist die Gefahr von Zecken, Flöhen und Haarlingen am größten und erfordert vom Tierbesitzer eine vermehrte Fellpflege und einen wirksamen Parasitenschutz.

Flohbefall: Flöhe sind bei Hund und Katze nicht nur ein hygienisches, sondern auch ein gesundheitliches Problem. Hauterkrankungen und Bandwurmbefall können die Folge sein. Flöhe halten sich meist im Kopf-, Hals-, Rücken- und Schwanzbereich auf. Zuerst bemerkt der Tierbesitzer einen Juckreiz des Tieres, der so stark sein kann, daß es zu geröteten oder nässenden Ekzemen kommt. Ein

sicherer Hinweis auf Flohbefall ist, wenn man den Floh selbst sieht. Er ist dunkelbraun, ähnlich in Größe und Form einem Kümmelkorn, und bewegt sich schnell, meist hüpfend, am Tierkörper. Bei starkem Flohbefall kann man auch den Flohkot (wie kleine Rußkörner) im Fell erkennen. Bekämpfen kann man Flöhe mit Kontaktinsektiziden, die als Spray, Flohband, Puder, Seife oder Bademittel im Handel erhältlich sind. Es gibt auch Medikamente, die in die Haut eingerieben werden und einen Befall verhindern.
Wichtig ist es auch, den Liegeplatz (Korb, Decke usw.) mit einem geeigneten Flohmittel zu sanieren.

Iris, Birma-Tabby-Point-Katze, zwei Jahre alt:

Nie hätte ich erwartet, daß mir einmal eine Fähigkeit, die nur Menschen besitzen, fehlen könnte! Denn an sich sind wir Katzen ja von unserem Schöpfer wesentlich besser ausgestattet als die Zweibeiner. Zugegeben, als ich noch eine Jungkatze war, habe ich meinen Menschenpartner darum beneidet, daß er die Dosen mit meinem Futter öffnen konnte und ich nicht. Aber das war nur ein kurzfristiges Gefühl der Unzulänglichkeit. Denn ich habe bald festgestellt, daß ich diese Tätigkeit ruhig an ihn delegieren kann. Er hat sie stets pünktlich und zu meiner Zufriedenheit erledigt. Nun jedoch möchte ich wirklich etwas können, was ich nicht kann. Schreiben! Ich möchte Briefe schreiben, voll wütendem Katzenprotest! An Generäle, an den Verteidigungsminister und an den Bundespräsidenten. An alle, die daran schuld sind, daß ich jetzt unglücklich bin. Denn sie haben mir meinen jungen Menschenmann weggenommen und aus ihm einen Jungmann beim Bundesheer gemacht! Ich frage Sie: Wer braucht das? Und wenn schon, warum dann ausgerechnet den Meinigen? Es gibt doch in diesem Land genug junge Männer, die keine Katzenbesitzer sind; die können sie ruhig haben. Für Leute, die mit einer Katze leben, sollte es eine gesetzliche Freistellung vom Militär geben!

Wie komme ich dazu, nun in der Wohnung seiner Cousine einquartiert zu sein? Einer Wohnung, die ich vorher nicht gekannt habe und jetzt, da ich sie kenne, gar nicht mehr kennenlernen will. Alles ist anders als zu Hause! Mein Kistchen steht nicht an seinem gewohnten Platz im Vorraum, sondern in einem nach scheußlichen Putzmitteln riechenden Badezimmer. Da kann die Cousine ihre Geschäfte erledigen, ich denke nicht daran! Die Möbel sind ekelhafte Stahlrohr- und Plastikgebilde, kalt und glatt, beim ersten Versuch, sie zu erforschen, bin ich abgerutscht wie ein Bergsteiger ohne Steigeisen in einer Eiswand. Wo ist mein geliebtes, altes Sofa, meine Kissen zum Kuscheln und mein wunderschöner Fensterplatz, auf dem ich über ein friedliches Katzenleben meditieren und die fetten Tauben am gegenüberliegenden Sims beobachten konnte? Diese Mißgeburt von einer Wohnung hat nicht einmal Fensterbretter! Die muß von einem Architek-

ten entworfen worden sein, der keine Ahnung von Katzen hat. Solchen Typen sollte man die Konzession entziehen!
Was die Cousine selbst betrifft, so gibt sie sich zwar Mühe, mich freundlich zu stimmen, aber wir haben eben nicht dieselbe geistige Schwingung, die nun einmal zum Zusammenleben mit einer Katze gehört. Sie glaubt doch tatsächlich, daß ich mich nach ihren Gewohnheiten richte, statt mich zu beobachten und sich den meinen anzupassen! Im Augenblick protestiere ich auf die einzige Art, die mir bleibt: ich fresse wenig und werde immer dünner.
Mein junger Mann, der mich an den Wochenenden besucht, wenn sie beim Schießen Pause machen, ist schon besorgt über mein Aussehen. Er hat gesagt, daß er hoffentlich bald eine Heimschläfergenehmigung bekommt, dann kann ich wieder in unsere schöne Wohnung zurück. Vielleicht würde es die Sache etwas beschleunigen, wenn er mich mit zu seinen Generälen nimmt und ich dort kläglich miaue? Es kann doch nicht der einzige Sinn des Bundesheeres sein, Grenzen zu schützen! Wo bleibt der Schutz der Katzen?

Katzen sind unendlich sensible Tiere und reagieren auf jede Störung ihres gewohnten Lebens mit mehr oder minder heftigem Protest. Manchmal sind sie sogar schon beleidigt, wenn in der eigenen Wohnung Möbel umgestellt werden und damit ihr täglicher Katzenrundgang nicht mehr auf seinem üblichen Weg erfolgen kann. Auch ein Standortwechsel ihres Kistchens kann sie so irritieren, daß sie kurzfristig wieder ihre Sauberkeit vergessen.

Eine besondere Umstellung für sie bedeutet natürlich ein Wohnungswechsel. Ist es ein Umzug mit ihrem Besitzer, so wird es zwar in der ersten Zeit ebenfalls Eingewöhnungsschwierigkeiten geben — aber da er ihre Gewohnheiten kennt, wird er als Katzenfreund selbstverständlich dafür sorgen, daß ihre Lieblingsgegenstände bald wieder einen festen Platz haben, was sie schließlich auch, nach einigen Tagen gekränkter Würde, akzeptieren wird.

Muß man jedoch eine Katze jemandem eine Zeitlang zur Pflege geben, kann es schon vorkommen, daß sie auf dem neuen Platz anfangs ihr Futter verweigert. Ist die Katze gesund, wird sich dieses Problem allerdings bald wieder lösen. Ein paar kleine Tricks helfen dabei: Das Futter sollte ihr gewohntes sein; sie zusätzlich mit kulinarischen Experimenten zu belasten, wäre ungünstig. Es sollte in ihrem eigenen Futternapf und immer zu der Zeit gegeben werden, die sie auch von zu Hause gewohnt war. Ihr Schlafkorb oder ihr Lieblingskissen, ihr Spielzeug und ihr Kratzbaum sollten mit auf ihren Pflegeplatz übersiedeln.

Und beachten Sie bitte auch, daß in der neuen Umgebung für die Sicherheit der Katze — durch Katzengitter an den Fenstern — gesorgt ist. Denn eine Katze, die in einer fremden Gegend entläuft, hat wenig Chancen, je wieder heimzufinden.

Die beste Lösung wäre aber, wie schon einige Male erwähnt, eine zuverlässige Person zu finden, die die Katze einmal täglich in der eigenen Wohnung füttert und betreut.

Medizinische Tips

In Verlust geratene Tiere: Fast täglich werden Tierärzte von besorgten Tierhaltern angesprochen, deren Haustier abhanden gekommen ist. Jegliche Kennzeichnung von Tieren, wie Tätowierung oder Halsbandmarken, war unbefriedigend und unzureichend. Jetzt bietet die Elektronik ein völlig neuartiges System an, ein Tier lebenslang sicher und eindeutig zu erkennen und dem Besitzer zurückzuführen. Ein winziger Mikrochip wird vom Tierarzt einmalig, mittels einer Injektionsnadel, schmerzlos wie der Stich bei einer Impfung unter die Haut an der linken Halsseite gesetzt. Dieser Mikrochip enthält einen Code, der mit einem Lesegerät sofort abgelesen werden kann und der jeweiligen Fundstelle (Tierarzt, Klinik, Tierschutzverein usw.) sofort eine Identifizierung des Tieres ermöglicht.

Tiere sind Gefährten aller Menschen, egal ob reich oder arm, schön oder nicht schön: Tiere reagieren nicht auf Besitz und Aussehen, sondern auf die Liebe, die man ihnen entgegenbringt. — *Fotos: VDK, Hamburg*

Eine zentrale Datenverarbeitungsstelle in Wien kann den Besitzer ermitteln und damit das entlaufene Tier schnell wieder in seine gewohnte Umgebung zurückführen.
Der Tierhalter verständigt im Verlustfall die Gendarmerie oder die Polizei sowie die lokalen Tierschutzvereine und sollte sich auch in der Umgebung nach Wahrnehmungen erkundigen.

Zahnbelag: Der Belag, der sich an den Zähnen der Katze bildet, ist Zahnstein. Im allgemeinen sind Katzen sehr anfällig für Erkrankungen der Zähne und des Zahnfleisches. Zahnbelag und der daraus resultierende Zahnstein kommen sehr häufig vor. Dies führt zu einer Entzündung des Zahnfleisches, das sich dann zurückbildet und die Zähne locker werden und ausfallen läßt. Besonders in den Kieferwinkeln sind diese Entzündungen sehr schmerzhaft und können die Ursache von Appetitlosigkeit der Katze sein. Auch übler Mundgeruch und verstärktes Speicheln lassen auf eine Zahnerkrankung schließen. Die Ursachen, warum einige Katzen besonders stark darunter leiden, sind unbekannt. Das Kauen von harten Knabbereien kann zum Teil die Bildung der Belege verhindern. Eine regelmäßige Zahnpflege und rechtzeitige Kontrolle durch den Tierarzt können ähnlich wie bei uns Menschen Schlimmeres verhüten. Wichtig ist, stärkere Bildung von Zahnstein regelmäßig entfernen zu lassen, um damit Erkrankungen in der Mundhöhle zu vermeiden.

Mundgeruch: Als Begleitsymptom von Magen-, Leber- und Nierenkrankheiten kann Mundgeruch das Anzeichen eines lebensbedrohenden Zustandes sein. Viel häufiger jedoch ist er ein Anzeichen von Zahnsteinbildung und Zahnfleischentzündungen, die bei Hauskatzen sehr häufig sind. Leistet die Katze Widerstand gegen vorbeugende Zahnpflege, wird der Tierarzt starke Belege und schlechte Zähne in Narkose beseitigen. Zahnfleischentzündungen können mit spezifischen Medikamenten und Salbeiblättertee behandelt werden.

Tina, Beagle-Hündin, zwei Jahre alt:

Wenn Menschenmännchen zu dick werden, greifen ihre Menschenweibchen zu strengen Erziehungsmaßnahmen. Die erste ist, daß die Herr-liche Futterration halbiert wird. Aus eigener Erfahrung kann ich nur sagen, daß bereits in diesem Stadium schwere Zeiten für einen Hund anbrechen. Denn mein sonst so vergnügter rundlicher Besitzer blieb zwar weiterhin unverändert rundlich, wurde aber mißlaunig und knurrig. Er begann sogar nach einigen Tagen mit neidvollen Blicks nach meinem Fressen zu schielen, und eines Nachts wurde ich durch verdächtiges Rascheln geweckt. In der Hoffnung, endlich einmal als Heldenhund anerkannt zu werden und einen Einbrecher zu stellen, raste ich bellend in die Küche. Dort stand Herrchen, die Schachtel mit meinen Hundekeksen in der Hand, und eines davon schon im Mund. Er zischte ein undeutliches „Psssscht" – aber es war schon zu spät. Frauchen war mir auf den Fersen gefolgt. Ihre Strafpredigt hätte den stärksten Hund zitternd in eine dunkle Ecke getrieben. Ihren Ehemann trieb es für diese Nacht auf das Wohnzimmersofa.

Am nächsten Morgen wurde die Behandlung zweiten Grades eingeleitet. Allerdings durch ein Geschenkpaket, was ich nach der schlechten Stimmung der Nacht als nette Versöhnungsgeste meiner Menschendame empfand. Herrchen schien das nicht ganz so zu sehen, denn er starrte mit hängenden Ohren und heruntergezogenen Lefzen auf das Präsent: ein Jogging-Anzug mit Laufschuhen. Und dann wurden wir beide aus der Wohnung geschubst.

Auf der großen Wiese angekommen, war mir natürlich klar, was von uns erwartet wurde. Laufen, laufen, bis einem die Zunge heraushängt. Ich zeigte es ihm auch sofort fröhlich vor und rannte voran. Aber der arme Zweibeiner war wirklich in schlechter Kondition. Nicht nur, daß er mich selbstverständlich nicht einholte, er blieb auch so weit zurück, daß ich Angst hatte, er ginge mir verloren. Also machte ich kehrt und beschloß, die Trainerrolle für ihn zu übernehmen. Zuerst sprang ich an ihm hoch und zwickte ihn ganz leicht in die Wadeln. Das half schon ein wenig. Er wurde, wenn auch schimpfend, schneller. In der Beziehung darf man nicht empfindlich sein. Ein Trainer muß nicht geliebt, es müssen nur seine Anordnungen befolgt werden!

Der Border Collie will beschäftigt sein (oben). Temperamentvoll und wachsam ist der Airdale Terrier. Manche beschreiben ihn so: „Rauhe Schale — edler Kern" (unten). — *Fotos: IDH, Hamburg*

Der Barsoi mit seiner eleganten Gestalt wurde im 19. Jahrhundert vom russischen Adel bei Wolfsjagden eingesetzt. — Foto: IDH, Hamburg

Ich blieb an der Seite meines Schützlings; wenn er stehenbleiben wollte, feuerte ich ihn durch energisches Bellen wieder an. Seitdem laufen wir dreimal in der Woche. Mir macht es riesigen Spaß, und vor allem befriedigt es mich, daß ich bei meinem Herrn eine deutliche Leistungssteigerung beobachten kann. Zugegeben, ins Profi-Lauflager wird er nie kommen. Er wird immer ein Amateur bleiben. Aber damit erfüllt er ja eigentlich den Sinn der Olympischen Spiele in ihrer reinsten Form!

Auch Frauchen ist glücklich, sieht ihr lieber Mann doch figürlich wieder dem ähnlicher, den sie seinerzeit geheiratet hat. Und das, obwohl wir beide jedes Mal nach unseren Läufen in einem herrlichen Gasthaus einkehren. Aber das ist sein und mein Geheimnis — das ich auch ohne die regelmäßige Bestechung durch ein Paar Würsteln bewahren würde.

„Machen Sie mehr Bewegung, schaffen Sie sich einen Hund an!" Dieser Ratschlag von Humanärzten an übergewichtige, unter Bewegungsmangel und Kreislaufproblemen leidende Patienten ist gar nicht selten und zudem äußerst vernünftig. Denn ein Hund zwingt seinen Besitzer zu regelmäßigen Spaziergängen. Diese werden auch für sonst eher träge Menschen bald zur lieben Gewohnheit. Ganz allein seine — vom Arzt oder von der eigenen Vernunft verordneten — täglichen Kilometer abzuspulen, ist ja schließlich ein wenig langweilig und nicht jedermanns Sache. Mit einem Hund als Begleiter ist man in angenehmer Gesellschaft und findet außerdem schnell Gesprächskontakt zu anderen Hundebesitzern. Damit ergeben sich oft lange, freundschaftliche Beziehungen zwischen Hunden, Herrln und Frauerln.

Ist man ohnehin ein sportlicher Typ, so ist der Vierbeiner erst recht ein idealer Kamerad. Hier sollte man natürlich bei der Wahl der Hunderasse darauf achten, daß man einen „Gleichgesinnten" aussucht. Eine eher geruhsame Art, die nicht gerne weite Strecken läuft, wie zum Beispiel der Mops, wird keine Freude an einem leidenschaftlichen Jogger haben, und umgekehrt. Hat man aber einen bewegungsfreundlichen Hund, so gibt es unendlich viele Möglichkeiten der Sportausübung, bei der er begeistert dabeisein wird.

Wandern, Laufen, Radfahren — wobei man allerdings vermeiden sollte, den Hund längere Strecken vom Rad aus an der Leine mitzuführen, sondern sich Strecken sucht, wo er frei neben einem herlaufen kann — sind günstig.

Fast alle Hunde schwimmen leidenschaftlich gern, und es gibt glücklicherweise in unserer zubetonierten und mit Verboten versehenen Gesellschaft noch immer einige Badeparadiese, freie Gewässer, wo Hund und Besitzer gemeinsam ihrem Schwimmvergnügen huldigen können. Auch ihre Besitzer im Winter beim Langlaufen begleiten zu können, ist für viele Hunderassen ein großes Vergnügen.

Voraussetzung dafür allerdings ist ein gut erzogener Hund. Denn er soll ja beim Joggen, Langlaufen oder Radfahren den eigenen Besitzer begleiten und nicht andere Sportler jagen!

Noch einmal sei hier auf einen besonders idealen Gemeinschaftssport von Mensch und Tier hingewiesen: auf Agility, wo Herrl oder Frauerl zusammen mit dem Hund einen Hindernis-Parcours zu bewältigen haben. Es gibt bereits eigene Agility-Clubs, auch der ÖKV (Österr. Kynologen-Verband) veranstaltet Kurse und Wettkämpfe dieser neuen Sportart.

Ob nun geruhsame Spaziergänge, lange Läufe, erholsames Schwimmen — alles trägt zur Gesundheit von Hund und Mensch bei. So gesehen, ist ein Vierbeiner sicher die beste Medizin. Und läßt manche Zivilisationskrankheit bei seinen Besitzern gar nicht erst entstehen.

MEDIZINISCHE TIPS

Eitriger Augenausfluß: Bei speziell nach dem Spazierengehen auftretendem eitrigen Augenausfluß wird die Ursache meist zuviel Wind, Staub oder Sand sein. Hier wäre vielleicht eine Änderung der Spazierroute ratsam. Wenn dieses Leiden jedoch nur zu einer bestimmten Jahreszeit auftritt, wäre auch eine allergische Reaktion der Bindehaut möglich. All diese Augenentzündungen lassen sich nach dem Reinigen mit Kamillentee oder Borwasser durch das Auftragen einer milden Augensalbe beseitigen. Bei sehr häufig auftretenden Augenentzündungen ist jedoch zu bedenken, daß die Ursache im Auge selbst zu suchen ist. Fehlstellungen von Lidern und Wimpern, Störungen verschiedener Drüsen, Verletzungen und Erkrankungen des Augeninnern können zu chronischen Augenentzündungen führen, die sich erst nach Beseitigung der Ursache befriedigend behandeln lassen. Da Erkrankungen der Augen mit bösen Folgen für das Tier verbunden sind, sollte man sie nie bagatellisieren.

Nagelbetterkrankungen: Erkrankungen des Nagelbettes kommen sehr häufig vor. Eine Infektion tritt oft im Zusammenhang mit einer Nagel- oder Zehenverletzung auf. Sie kann immer wieder kommen. Wesentlich für die Vorbeugung ist die Gewährleistung einer guten Hornqualität, die durch Hygiene, Pflege und ausgewogene Fütterung mit Vitaminen und Mineralstoffen erreicht wird. Ein altes Hausmittel ist das Verfüttern von Speisegelatine. Die Krallen können durch Umwelt oder durch Veranlagung trocken und rissig werden. Hier hilft das aus der Pferdeheilkunde bekannte Lorbeerblattöl. Baden mit Käsepappeltee empfiehlt sich auf alle Fälle.
Die Haare um das Krallenbett sollten eventuell geschnitten werden, um durch anhaftenden Schmutz eine neue Infektion zu verhindern. In schweren Fällen muß man den Tierarzt konsultieren, damit eine chronische Nagelbetteiterung verhindert werden kann. Verbände, Antibiotika oder chirurgische Behandlungen sind dann die Mittel der Wahl.

Scheinträchtigkeit: Die Scheinträchtigkeit kann als sogenannte Zivilisationskrankheit unserer Hunde bezeichnet werden. Meistens vier bis acht Wochen nach der letzten Läufigkeit können bei Hündinnen verschieden starke Mutterinstinkte auftreten. Diese hormonelle Störung führt zur Einbildung der Brutpflege. Ersatzkinder — wie Puppen, Spielzeug, Schuhe usw. — müssen daher als erstes entfernt werden. Die Milchdrüsen sind mit kalten Umschlägen und abschwellenden Salben zu behandeln. So vielseitig sich die Scheinträchtigkeit zeigt, so verschieden ist auch die Therapie, die der Tierarzt dem jeweiligen Erkrankungsfall anpassen wird.

Otto, Schimmelwallach, 14 Jahre alt:

Eine Beduinen-Legende sagt von uns: „Und Allah nahm eine Handvoll Südwind, hauchte ihm seinen Atem ein und erschuf so das Pferd." Mich haben die Menschen zu einem Schulpferd gemacht. Der Lehrberuf mag nun manchen als nichts Besonderes erscheinen, und er ist auch bei uns, ähnlich wie bei den Menschen, nicht gerade ein Spitzenreiter, was das gesellschaftliche Ansehen betrifft. Der Beamtenstatus haftet ihm an, man wird nicht berühmt, steckt keine großen Prämien ein wie ein Rennpferd, und arbeitet für Kost und Logis.

Aber ich bin mit Leib und Seele Pädagoge und unterrichte gerne. Wie viele Reitschüler habe ich doch in all den Jahren meiner Tätigkeit schon auf meinem Rücken gehabt und habe ihnen vom Einmaleins des richtigen Sitzes bis zu den Prüfungen alles beigebracht, was ich weiß!

Wenn sie in der ersten Stunde zu mir kommen, das erste Mal den Fuß in den Bügel heben und versuchen, sich in meinen Sattel zu schwingen, sind sie meist ängstlich und unbeholfen. Dann nehme ich ihnen mit einem besonders ruhigen Gang die Furcht, schubse sie zurecht, wenn ihr Hinterteil aus dem Gleichgewicht gerät, und bringe ihnen den richtigen Rhythmus des Trabens bei. Diese Stunden mit den Erstklaßlern sind die schwierigsten, aber auch die wichtigsten, denn da entsteht die Liebe und das Gefühl für das Pferd, und ich weiß, es ist meine Aufgabe, das in ihnen zu wecken.

Freilich erlebe ich wie jeder Lehrer auch Enttäuschungen, und — da ich nun einmal kein Überpferd, sondern ein Durchschnittswesen bin, wie du und ich — gerate ich dann in Zorn und setze besonders unbegabte oder renitente Schüler auf den Boden. Wer mit meinen vier Beinen nicht zurecht kommt, der soll eben auf seinen kümmerlichen beiden durchs Leben gehen.

Aber der große Teil meiner Schüler ist lernwillig und liebenswert. Ich habe schon die verschiedensten Typen aus der großen Menschenherde kennengelernt. Manche kapieren schnell, manche brauchen länger. Es gibt Plaudertaschen, die während der ganzen Stunde auf mich einreden, solche, die am Abend nach ihrer Arbeit kommen und wo ich in den ersten Minuten noch den ganzen Streß ihres Tages spüre, bis ich sie davon lösen kann. Es gibt Damen, die sich unsterblich in meinen Kollegen, den Reitlehrer, verlieben. Da ich aber so etwas in einer Schule, in der ich arbeite, strikt ablehne, habe ich eine Methode entwickelt, diesen Gefühlen entgegenzuwirken. Ich bocke dann ein wenig, schlage mit beiden Hinterbeinen aus und zwinge dadurch die romantischen weiblichen Geschöpfe, sich ganz auf mich zu konzentrieren. Das hat übrigens noch den Vorteil, daß sie dann ihr Interesse mir zuwenden und — um meine gute Laune wiederherzustellen — mich nach dem Unterricht in meiner Lehrerbox mit Lekkerbissen füttern.

Manchmal träume ich schon davon, was aus mir hätte werden können — ein Galopper oder gar ein Dressurpferd, dessen Namen in den Zeitungen steht und das sogar im Fernsehen auftritt oder in der Spanischen Hofreitschule zur Musik tanzt, was soll's? Nicht jeder kann im Showbusineß sein!

Und der Beruf eines Lehrers ist immerhin ein akademischer. In diesem Sinne darf ich zuletzt noch einen Satz meines geliebten Xenophon zitieren, den ich meinen Schülern gerne zuwiehere: „Ein Pferd ist von solcher Schönheit, daß niemand müde wird, es anzuschauen, wenn es sich in seiner Herrlichkeit zeigt!"

Und immer, wenn mich denn doch ein wenig Pädagogenfrust überkommt, tröstet mich der Gedanke, daß der alte Grieche schließlich auch ein Schulpferd wie mich damit gemeint hat.

Das Glück der Erde liegt auf dem Rücken der Pferde. Dieser Satz gilt für alle, die der Faszination des Reitens verfallen sind. Es gibt keine andere Sportart, die einen eine innigere Verbindung mit dem Tier und der Natur erleben läßt.
Reiten kann man von Kind an bis ins hohe Alter. Reiten ist Therapie für vielerlei Leiden — für verhaltensgestörte und behinderte Kinder ebenso wie für gestreßte Erwachsene. Reiten ist aber vor allem ein gesunder Sport und ein wunderschönes Freizeitvergnügen. Glücklicherweise nimmt in unserer Zeit die Reitbegeisterung wieder zu, und Reitstunden sind kaum teurer als andere Sportarten. Es muß ja nicht gleich ein eigenes Pferd sein, für den Anfänger schon gar nicht! Hier ist es vernünftiger, in einer guten Reitschule zu beginnen; an der Longe, wo man die Grundbegriffe des richtigen Sitzes und der Gangarten lernt. Kleinere Kinder sollten ihre ersten Reiterfahrungen auf Ponys machen und dann erst auf Großpferde umsteigen. Wenn man die Übungen in der Bahn und Ausritte im Gelände beherrscht und die Reitbegeisterung unvermindert anhält, kann man dem Gedanken an ein eigenes Pferd nähertreten. An ein halbes zu Beginn, das heißt: bei einem anderen Pferdebesitzer Mitreiter zu werden.
Denn etwas muß einem klar sein: ein eigenes Pferd kostet nicht nur Einstellgebühr, sondern vor allem Zeit. Es muß täglich bewegt werden, es braucht den Kontakt mit dem Menschen. Nichts ist schlimmer für ein Pferd — seelisch und gesundheitlich — als es viele Stunden am Tag in der noch so komfortablen Box stehen zu lassen. Das ist eine Art unmenschlicher Einzelhaft! Es muß also immer jemand zur Verfügung stehen, der auch bei Urlauben oder beruflichen Verpflichtungen das tut, wozu ein Reitpferd da ist: es reiten! Und noch etwas: ein Pferd kann bis zu 26 Jahre alt werden. Da muß man sich vor der Anschaffung schon ehrlich fragen, ob es in dem eigenen Lebensplan Platz hat. Bedenken Sie auch, daß bei Pferden schon ihrer Größe wegen andere Tierarzthonorare anfallen als bei Hund oder Katze.
In den letzten Jahren hat sich bei uns auch eine neue Reitart durchgesetzt, das Westernreiten. Die dafür besonders gezüchteten und ausgebildeten Pferderassen sind auch in einigen heimischen Gestüten zu finden, es gibt Westernreitschulen und -clubs. Aber wofür immer Sie sich dann letztlich entscheiden, für Dressur- oder Springreiten, für den Westernstil oder für die herrlichen Geländeritte, Pferde sind eine Leidenschaft, von der man nie mehr loskommt.

Medizinische Tips

Pferdeimpfungen: Auch für unsere Pferde gilt, daß vorbeugen besser als heilen ist. Jeder, der mit Pferden zu tun hat, ist sicherlich über die Gefahr des Wundstarrkrampfes informiert. Reiter und Pferd sollten regelmäßig ihren Tetanusimpf-

Das Glück dieser Erde liegt nicht nur auf ihrem Rücken; aber der tägliche Umgang mit Pferden macht das Leben reicher und schöner.

Fotos: I. Weissenberg (rechte Seite), W. Scheib (oben).

schutz erhalten. Die Grundimmunisierung beim Pferd erfolgt mit vier Monaten — mit einer Wiederholungsimpfung im Alter von ca. sieben Monaten. Dann muß jährlich einmal nachgeimpft werden. Ein Immunschutz sollte auch gegen die Pferdegrippe Influenza gegeben werden. Diese Impfung erfolgt im vierten Monat, wobei vier bis sechs Wochen später nachgeimpft wird. Die Wiederholungsimpfungen müssen ca. alle sechs Monate erfolgen. Als optimale Impfmonate sind Jänner und September zu empfehlen. Pferdegrippe- und Tetanusimpfung gibt es in einer Kombinationsvakzine.
Der Virusabort ist eine Erkrankung, bei der es zu einer Schädigung des Atmungstraktes oder zum Verwerfen der Stuten kommen kann. Die Grundimmunisierung ist im dritten bis vierten Lebensmonat vorgesehen, mit einer Wiederholung zwischen dem sechsten und achten Monat. Trächtige Stuten sollten im dritten bis vierten und siebenten bis achten Trächtigkeitsmonat geimpft werden.
Für alle Pferdeimpfungen gilt, daß die Pferde vor und besonders einige Tage nach der Impfung geschont werden sollen.

Strahlfäule: Die *Strahlfäule* stellt ein stallhygienisches Problem dar. Es kommt zu einer Erweichung und Fäulnis-Wucherung des Strahlhornes, einem Teil des Hufes an der unteren Seite. Sie ist auf ungenügende Hufreinigung und Pflege sowie auf schlechte Bodenbeschaffung und zu feuchte Einstreu zurückzuführen. Als Folge dieses schmerzhaften Prozesses treten Lahmheiten verschiedenen Grades auf.
Reinigen des Hufes mit dem Hufräumer sowie das Desinfizieren und Einfetten des Strahlhornes ist genauso wichtig wie die Korrektur der angegriffenen Teile durch den Hufschmied.
Unbedingt notwendig ist eine Verbesserung der Stallverhältnisse. Trockene Einstreu in genügender Menge soll vorhanden sein. Bei zu feuchten Böden muß man Torf oder Sägespäne unter die Strohdecke legen. Bei Einhaltung dieser Maßnahmen ist die Prognose für eine Heilung und Verhinderung der Strahlfäule gut.

Berlioz, Britisch-Kurzhaar-Kater, 13 Jahre alt:

Die Brille bis auf die Nasenspitze vorgerutscht, die Zeitung in der Hand, ist er auf seinem Fauteuil eingeschlafen, mein Mensch. In letzter Zeit legt er öfters untertags ein Nikkerchen ein. Früher hätte ich wohl mit der Pfote nach seiner Brille geangelt und damit gespielt, oder ich wäre mit den Zeitungsblättern durchs Zimmer gerast. Jetzt aber sehe ich ihn nur von meinem gemütlichen Sofaplatz aus an — ja, wir sind beide alt geworden!

Wenn ich in der Sonne auf dem Fensterbrett liege, dann kann ich ganz ruhig die tanzenden Blätter im Wind und die vorbeifliegenden Vögel betrachten, ohne vor Erregung zu zittern. Ich will nicht mehr alles fangen, was sich bewegt. Meine Ruhe und mein gutes Fressen sind mir wichtiger. Meinem Menschenfreund scheint es ähnlich zu gehen. Wir bekommen kaum noch Damenbesuch, was ich als sehr angenehm empfinde und ihm offenbar auch nicht fehlt. Die Wichtigkeit der Dinge verlagert sich, und was bleibt, bekommt größere Bedeutung.

Abends sitzen wir zusammen auf meinem Sofa, freundlich aneinandergelehnt teilen wir eine Decke, und dann ist uns beiden wohl und warm zumute. Das sind Augenblicke, wo wir wissen: alles ist gut, so wie es ist. Was in der Vergangenheit geschehen sollte, ist geschehen, wir haben die Ernte an Erfahrungen eingebracht, und ein paar Körnchen Weisheit sind für jeden von uns übriggeblieben.

Er hat länger gebraucht als ich, das Leben richtig zu sehen. Aber jetzt ist er, glaube ich, fast so weit wie ich.

Er hat gelernt, das zu genießen, was da ist, und nicht mehr zu glauben, daß es irgendwo in der Ferne größere Milchschüsseln und zartere Fleischstückchen gibt. Diese unangenehme Hektik, die zur menschlichen Rasse gehört, ist von ihm gewichen. Nun ist er zufrieden, und ich möchte schon behaupten, daß das mein Verdienst von elf Jahren Erziehungsarbeit ist, und nicht nur einfach am Alter und seinem Rheumatismus liegt.

Der zwickt ihn übrigens nicht allein — er hat noch eine Reihe von anderen Wehwehchen, die ihm jeden Morgen klarmachen, daß er noch lebt.

Katzen-Bilder . . . Jeder Kommentar ist da überflüssig . . . — *Fotos: Effem, Bruck/L.*

Das Glück der beiden ist an ihren Augen ablesbar. — *Foto: VDK, Hamburg*

Die Menschen, die ja meiner Ansicht nach nur ein eher zufälliges und nicht ganz gelungenes Nebenprodukt der Schöpfung sind, leiden mehr unter dem Alter als wir Katzen. Das beginnt schon damit, daß man es ihnen viel deutlicher ansieht. Wenn ich meinen Freund da betrachte: kaum mehr Haare auf dem Kopf, das Gesicht voller Falten, die Schultern gebeugt, dann kann ich ohne Eitelkeit sagen: kein Vergleich mit mir! Aber es ist ungerecht, ihm das vorzuwerfen. Denn ich war ja immer schöner als er. Katzenerbe von Tausenden von Jahren! Doch das macht nichts! Ich würde ihn nie verstoßen, nur weil er jetzt im Alter ein wenig schäbig und räudig geworden ist. Kein Tier würde das seinem Menschen antun. Oder haben Sie schon einmal davon gehört? Na eben!

Jetzt ist er aufgewacht. Ich springe – nicht mehr sehr schwungvoll, aber noch immer elegant – auf seinen Schoß und gebe ihm einen zarten Kuß auf die Hand. Er soll wissen, daß ich ihn mag, egal wie alt und müde er geworden ist.

Sie haben eine alte Katze zu Hause. Und dazu kann man Ihnen gratulieren! Denn es spricht für Ihre Fürsorge und katzengerechte Haltung, daß das Tier bei Ihnen viele schöne Jahre verbracht hat.

Oder Sie haben überhaupt erst ein älteres Tier bei sich aufgenommen, das ist gerade bei Senioren, die vielleicht in der Pension endlich Zeit und Gelegenheit für ein Tier haben, eine ideale Verbindung. Beide Partner — Mensch und Katze — haben dann ähnliche Bedürfnisse. Eine Katze, die gut gepflegt worden ist, kann durchaus problemlos ein Alter bis zu 15 Jahren erreichen. Es gibt sogar wahre Katzen-Methusalems, die bis zu 23 Jahre alt werden. Und in den meisten Fällen sind es friedliche, schöne Jahre, die Sie mit dem Tier verbringen können. Die paar kleinen Konflikte der Jugendzeit, in der es noch darum ging, die gegenseitige Stellung im Haushalt festzulegen, sind vorbei. Sie kennen nun die Gewohnheiten Ihrer Katze, sie hat sich den Ihren angepaßt. Denn an dieser Stelle muß einmal gesagt werden, daß sich Katzen, obwohl eigenwillige Individualisten, sehr wohl mit Konsequenz und Liebe erziehen lassen.

Die ältere Katze hat also die Tabus akzeptiert; sie weiß längst, welche Möbelstücke sie nicht benützen darf. Man hat sich arrangiert, und Vierbeiner und Mensch können ihr gemeinsames Leben genießen. Nur ein wenig Rücksichtnahme und Einfühlungsvermögen gehören dazu, Ihrem Tier einen schönen Lebensabend zu bereiten. Es braucht jetzt mehr Ruhe als früher, die kleinen Tagesschläfchen nehmen zu, an den wilden Spielen von früher wird es nicht mehr so viel Interesse haben. Dafür ist die Katze für noch mehr Zärtlichkeit dankbar, Streicheln und Schmusen liebt sie jetzt besonders. Auch ihr Bedürfnis nach Wärme nimmt zu. Ein sonniger Platz auf der Fensterbank, ein Kissen in der Nähe eines Heizkörpers tun ihr gut. Aufregende Änderungen ihres Alltags schätzt sie nun noch weniger als früher. Reisen sollte man ihr nach Möglichkeit ersparen.

Für jeden Tierfreund ist es natürlich traurig, seinen geliebten Vierbeiner alt werden zu sehen, weil immer der Gedanke an den endgültigen Abschied da ist. Aber Sie sollten sich mit einem Blick zurück trösten: auf die wunderbare Zeit, die Sie mit Ihrem vierbeinigen Partner verbracht haben. Was er Ihnen an Freude und Glück gegeben hat, was Sie alles von ihm an Wissen über Art und Wesen der Tiere gelernt haben, das bleibt Ihnen für immer erhalten. Seien Sie dankbar für alle schönen Erinnerungen — denn die Erinnerung ist ja das einzige Paradies, aus dem wir nie vertrieben werden können.

Medizinische Tips

Vorsorge für die ältere Katze: Da Katzen Anzeichen einer Erkrankung weniger deutlich nach außen zeigen, ist besonders eine Vorsorge bei älteren Katzen, etwa ab dem achten Lebensjahr, zu empfehlen. Ein frühes Erkennen einer Organ-

schwäche kann zu besseren Heilungsaussichten führen. Richtige, auf die älteren Katzen abgestimmte Ernährung (z. B. Whiskas Senior) spielt eine große Rolle. Wichtig ist, daß der Katzenbesitzer auch kleine Änderungen im Verhalten seines Schützlings bemerkt. Lebhaftigkeit, Appetit, Durst und die Fellbeschaffenheit sollten im Alter besonders genau beobachtet und wenn nötig vom Tierarzt kontrolliert werden. Neue Methoden zur Früherkennung von Erkrankungen stehen in der Veterinärmedizin zur Verfügung, z. B. Röntgen, EKG, Ultraschall, Labor usw. Bevor noch Medikamente zum Einsatz kommen, kann man oft mit einer Futterumstellung eine erkannte Organschwäche von Niere, Leber, Darm oder Herz verhindern. Die Futterumstellung besonders bei älteren Katzen ist manchmal nicht ganz einfach, Ihr Tierarzt wird Sie gerne beraten.
Auch helfen heute verschiedene Diäten auf Fertigfutterbasis, einen Krankheitsverlauf günstig zu beeinflussen. In der Erzeugung von Diätfutter gehört ein österreichischer Betrieb zu den weltweiten Lieferanten.
In ihren Gewohnheiten ist die alte Katze überaus stark festgelegt und nimmt Änderungen meist sehr widerstrebend hin. Diesen Umstand zu beachten ist der wichtigste Schritt in der Vorsorge.

Katze zu dick: Genau wie wir Menschen kann unser Tier zu dick werden. Mangel an Bewegung, überreiches Nahrungsangebot und natürlich auch bei Katzen die Kastration führen zu Fettleibigkeit. „Iß die Hälfte", wäre auch für unsere Katze eine Lösung, denn Übergewicht zeigt bei Tieren nicht nur ein unvorteilhaftes Aussehen, sondern führt auch zu Herz-Kreislauferkrankungen, Leberschäden und Störungen im Bewegungsapparat. Angesichts aber des hohen Fettbedarfs der Katze, ist eine Diät relativ kompliziert zusammenzustellen. Ihr Tierarzt wird Ihnen sicher mit einer individuellen Diättabelle behilflich sein bzw. Ihnen für Ihre Katze ein vorgefertigtes Diätfutter wie z. B. Whiskas Feline Diet verschreiben. Aber wie beim Menschen hilft auch hier nur eines wirklich: Konsequenz!

Nierenerkrankungen: Ein sehr oft auftretendes Problem bei alten Katzen ist das Nachlassen der Nierenfunktion. Als erstes Anzeichen bemerkt der Tierbesitzer, daß seine Katze, die normalerweise wenig Flüssigkeit zu sich nimmt, vermehrt trinkt. Der Allgemeinzustand verschlechtert sich, das Haarkleid wird struppig und glanzlos, die Hautelastizität läßt nach. Durch Appetitlosigkeit und Eiweißverlust über die Niere kommt es zum Abmagern. Erbrechen sowie übler Mundgeruch können auch für ein Nierenproblem symptomatisch sein.
Die beste Vorbeugung ist das rechtzeitige Erkennen durch Blut-, Harn- oder Röntgenuntersuchungen. Auch bei routinemäßigen Gesundenuntersuchungen sollte man an das häufige Nierenproblem bei alten Katzen denken.
Neben einer medikamentellen Therapie wird der Tierarzt auch eine Diät verord-

Zwei Geschöpfe, die einander wärmen, zueinander zärtlich sind „wie Hund und Katz'" (oben). Fast ein Symbolbild für Glück: Mensch, Tier, Pflanzen — und ein gutes Buch (unten). — Fotos: VDK, Hamburg

nen, die dem Umfang der Erkrankung angepaßt ist. Sollte kein Erbrechen auftreten, muß dem vermehrten Flüssigkeitsbedarf Rechnung getragen werden. Der Eiweißverlust wird durch Verfüttern von hochwertigem Fleisch (wie z. B. Huhn, Kalb und Fisch), aber auch Topfen, Ei oder einem speziellen Diätfutter kompensiert. Im Gegensatz zum nierenkranken Menschen soll auf die Beigabe von Kochsalz nicht verzichtet werden.

Lady, Golden-Retriever-Hündin, 14 Jahre alt:

Wir beide, mein geliebtes Menschenkind, haben dieselbe Anzahl von Jahren hinter uns gebracht. Aber dennoch besteht zwischen uns ein gewaltiger Unterschied; du bist jung und ich bin alt!

Wir gehen jetzt hier auf unserem Lieblingsweg spazieren, zu der großen Wiese, wo ich frei laufen kann und hinter der ein Bach fließt, aus dem ich dir früher immer die geworfenen Hölzchen apportiert habe. Bis dahin aber kommen wir nun nicht mehr; es ist mir zu weit, und du kehrst auch immer rechtzeitig um — so als ob du nicht mehr gehen wolltest. Du nimmst in dem stillschweigenden Verständnis, das uns immer verbunden hat, Rücksicht auf mich. So wie du auch deine Schritte meinen langsamen anpaßt.

Seit du mit acht Jahren das erste Mal allein mit mir spazierengehen durftest, bin ich immer am liebsten mit dir gegangen. Nichts gegen deine Eltern, aber du, mein Menschenmädchen, und ich, wir hatten doch den größten Spaß miteinander! Wir sind quer über die Wiese gerannt, haben Purzelbäume geschlagen und Ball gespielt. Und den haben uns einmal ein paar Lausbuben weggenommen und sind damit davongelaufen. Aber ich habe sie gejagt und den Ball zurückerobert. Davon haben wir zu Hause nichts erzählt, weil wir Angst hatten, sie würden uns zwei dann nicht mehr ohne Aufsicht weg lassen.

Wir haben überhaupt viele Geheimnisse miteinander geteilt. Zum Beispiel die Geschichte mit dem strengen Hundebettverbot. Da waren deine Eltern eisern: Ein Hund gehört in der Nacht in seinen Korb. Aber wenn du schlecht geträumt hattest oder traurig warst, hast du mich leise gerufen, und ich bin ebenso leise auf dein Bett gesprungen. Du hast den Arm um mich gelegt und bist zufrieden eingeschlafen. Jedes Mal, bevor deine Eltern wach geworden sind, war ich wieder auf meinem Platz.

Wann immer einer von uns beiden Trost oder Schutz gebraucht hat, waren wir füreinander da. Ich erinnere mich noch daran, als du gehen lerntest, meine Kleine. Ich habe nicht ganz verstanden, warum das bei Menschenkindern so viel länger dauert als bei uns Hunden. Und ich war so besorgt um dich, wenn du hingefallen bist. Dann habe ich dich immer an deiner Windelhose gepackt, wieder auf die Beine ge-

Der Bernhardiner ist ein gemütlicher Kumpel und ein zuverlässiger Wächter, dem nur relativ mäßige Bewegung genügt (oben). Eine starke Persönlichkeit: der Gordon Setter, anhänglich und fröhlich. — Fotos: IDH, Hamburg

Der Bearded Collie war ursprünglich ein Hütehund: ein Naturbursche, gelehrig, bewegungsfreudig; dazu hat er ein zärtliches, fröhliches Temperament.

Foto: IDH

stellt, und du hast dich mit deinen Händchen an meinem Rücken angehalten und hast so Schritt für Schritt die Welt entdeckt.
Jetzt bleibst du stehen und siehst mich an. Deine Augen sind traurig, und ich weiß wie immer genau, was du denkst! Daran, was der Tierarzt das letzte Mal gesagt hat: daß ich zwar für mein Alter noch recht gesund bin, aber irgendwann . . .
Du mußt mir eines versprechen, meine Freundin. — Nein, nicht, daß du mich nie vergessen wirst, das weiß ich doch! Aber versprich mir, daß wieder ein Hund ins Haus kommt. Ich liebe dich viel zu sehr, als daß ich dir ein hundeloses Leben wünsche. Alles, was wir beide an Wunderbarem erlebt haben, soll doch weitergehen!
Komm, und jetzt gehen wir nach Hause.

In den 10 bis 15 Jahren, die ein Hundeleben dauert, ist bei jedem Tierfreund der Vierbeiner zu einem Familienmitglied geworden. Und ebenso selbstverständlich, wie man für einen menschlichen Angehörigen im Alter sorgt, ihn mit Liebe und Behutsamkeit umsorgt, so wird man das mit dem Hund tun. Es ist gar nicht viel, was er verlangt und was wir tun können. Es wird im Grunde immer viel zu wenig sein an Dank dafür, was er uns sein ganzes Leben lang an bedingungsloser Zuneigung und Treue gegeben hat.

Man wird allmählich seinen Tagesrhythmus ein wenig umstellen. Die Spaziergänge werden kürzer werden, dafür in manchen Fällen öfter stattfinden müssen. In der warmen Jahreszeit wird man nicht gerade die heißen Mittagsstunden dazu wählen, sondern das Ausgehen auf den Morgen und den späteren Nachmittag verlegen. Ältere Hunde leiden besonders unter der Hitze, und dann kann es zu Kreislaufstörungen kommen. Das muß man nun auch bei allen Autofahrten bedenken. Schon eine kurze Zeit in einem heißen Wagen kann für einen alten Hund schlimme Folgen haben.

Wie bei älteren Menschen haben auch Hunde im fortgeschrittenen Alter manches Problem mit den Gelenken. Dann fällt ihnen das Stiegensteigen schwer. Wenn es die Größe des Hundes erlaubt, sollte man ihn tragen, den Lift benützen oder zwischendurch kleine Pausen einlegen. Sportliche Aktivitäten sollte man nicht mehr von ihnen verlangen, da muß die Vernunft des Menschen einsetzen. Denn ein Hund hat vor allem den Drang, in der Nähe seines Besitzers zu sein. Fährt der ihm zum Beispiel auf dem Rad voraus, so wird sein Vierbeiner immer versuchen mitzulaufen, auch wenn es für ihn schmerzhaft ist.

Unsere Tiere — ob Hund oder Katze — haben in älteren Jahren ein größeres Bedürfnis nach Wärme. Vielleicht muß man den Stand des Schlafkorbes verändern, etwa vom kälteren Vorzimmer in einen wärmeren Raum. Alter macht empfindlich, uns genauso wie den Hund. Daran muß man denken, wenn Besuche von kleinen Kindern kommen. Stürmische Handgreiflichkeiten, die der Hund früher mit freundlicher Gelassenheit hingenommen hat, könnte er jetzt knurrend quittieren, weil sie ihm weh tun.

Als Vorsichtsmaßnahme — auch zur eigenen Beruhigung — ist es gut, wenn man als Besitzer eines alten Hundes nicht nur die Nummer des Tierarztes immer parat hat, sondern sich auch nach seiner Vertretung in Urlaubsfällen erkundigt. Denn wenn der Hund in seinen späten Jahren krank wird, ist schnelle Hilfe ganz besonders wichtig. Und bitte: widmen Sie ihm jetzt noch ein wenig mehr Zeit, Zuneigung und Ansprache. Er war immer für Sie da — jetzt ist es an Ihnen, für ihn da zu sein, damit er sich auch in seinen letzten Lebensjahren unter Ihrer Obhut so wohlfühlt, wie in der Zeit davor!

Der Briard, ein kräftig gebauter Hirtenhund, hat langes, üppiges Haar und entwikkelt eine enge Beziehung an seinen Herrn/sein „Frauerl“ (oben). Alternde Hunde brauchen eine Extraportion Liebe. Auch dieser Golden Retriever.

Fotos: IDH, Hamburg

Medizinische Tips

Fütterung alter Hunde: Sie erfordert einige wenige diätische Anpassungen an die veränderten Lebensgewohnheiten und Stoffwechselvorgänge. Eine plötzliche Umstellung soll aber vermieden werden. Da auch beim Hund infolge von altersbedingter Bewegungsunlust eine gleichbleibende energiereiche Nahrung zur Fettsucht führen kann, muß man die Futtermenge reduzieren. Vorteilhaft ist es im Alter, die Nahrung auf zwei bis drei Portionen aufzuteilen, damit die Verdauungsorgane nicht übermäßig belastet werden. Altersbedingt weist ein großer Teil der Hunde chronische Nierenveränderungen auf. Alte Hunde sollen daher immer frisches Trinkwasser zur Verfügung haben. Der Eiweißanteil der Nahrung (Fleisch usw.) soll reduziert und teilweise durch hochwertiges Futter (Huhn, Kalb, Pute, Fisch) ersetzt werden. Durch regelmäßige tierärztliche Untersuchungen kann eine Organschwäche erkannt und oft mit einer speziellen Diät wie z. B. Pedigree Canine Diet verbessert werden.

Süßigkeiten: Zucker und Süßigkeiten sind sehr schnell verwertbare Energiestoffe in der Nahrung. Die vom Zucker herführenden Energien stehen dem Körper zur Verfügung. Der Organismus von Hund und Katze ist aber für diese schnelle Energiezufuhr nicht ausgerüstet. Damit können Stoffwechselprobleme entstehen. Zum Beispiel ist die Bauchspeicheldrüse, die bei unseren Tieren von Natur aus nicht für die ständige Aufnahme kohlenhydratreicher Nahrung vorgesehen ist, sehr bald erschöpft, so daß die Gefahr der Zuckerkrankheit droht. Außerdem begünstigt Zucker das Entstehen von Zahnschäden. Wenn Naschereien oder Belohnungen überhaupt notwendig sind, dann sollte man speziell hundegerechte Alternativen verwenden.

Ohrenerkrankungen: Entzündungen des äußeren Gehörganges und der Ohrmuschel beim Hund, die auch mit Ausdrücken aus dem Jagdbereich als Ohrzwang oder Ohrwurm bezeichnet werden, sind eine häufige Diagnose in der Hundepraxis. Die Ursachen sind vielfältig: Erstens Fremdkörper (z. B. Grannen), zweitens Parasiten (z. B. Ohrmilben) und drittens mangelnde Ohrenpflege (Schmutz, Wasser nach dem Schwimmen bzw. Baden und starke Behaarung im Gehörgang).
Alle diese Ursachen führen zu einer vermehrten Sekretproduktion der im Ohr vorhandenen Drüsen. Dieses Schutzsekret wird auch als Ohrenschmalz bezeichnet und ist mit Entzündungsprodukten und Feuchtigkeit ein guter Nährboden für Bakterien und Pilze.
Vorbeugen gegen Ohrentzündungen kann man durch Reinigung der Ohrmuschel und des äußeren Gehörganges mit neutralem Babyöl oder handelsüblichen Ohr-

reinigern. Bei einer bereits vorhandenen Entzündung muß erst die Ursache durch den Tierarzt gefunden und eine spezifische Behandlung nach der Säuberung des Gehörganges begonnen werden. Eine chronische Ohrentzündung ist ein langwieriges und oft wiederkehrendes Problem für viele Hundebesitzer.

WIR TIERE HABEN MIT EUCH MENSCHEN GEREDET — FÜR DIE DAUER EINES BUCHES

Wir haben euch von unserem Glück erzählt,
von unseren Ängsten und Hoffnungen.
Wir haben euch erklärt, wie wir die Welt gerne hätten —
eure — und unsere.
Denn es gibt nur eine gemeinsame, auf der wir uns den Platz teilen.
Diese Welt ist kein großes Paradies mehr —
nicht für euch und nicht für uns.
Aber miteinander können wir kleine Inseln des Glücks erschaffen.
Viele.
Überall dort, wo MENSCHEN und TIERE zusammen leben —
in Liebe —
in Treue —
in Fürsorge —
und somit in Frieden.

DAS WAR ES, WAS WIR EUCH SAGEN WOLLTEN.
UND WENN IHR ES VERSTANDEN HABT —
DANKE!

Tiermedizinische Ratschläge

In diesem Anhang werden einige wichtige Themen zusammengefaßt, die bereits angesprochen wurden: knapp, übersichtlich, praktikabel.

Impfungen

Unter dem Begriff Impfungen versteht man das Einbringen von abgeschwächten oder abgetöteten Erregern in den Körper, um in diesem Immunität zu erreichen. *Immunität* ist die Fähigkeit des Organismus, sich gegen Krankheitserreger zu wehren. Wir unterscheiden dabei zwischen einer *allgemeinen* und einer *spezifischen* Immunität:

Die allgemeine ist die Bereitschaft des Organismus, sich prinzipiell gegen Erreger zu wehren. Sie ist abhängig von Alter, Ernährungszustand und Konstitution.

Die spezfische ist die Abwehrbereitschaft gegen einen spezifischen Erreger (z. B. Tollwutvirus). Wenn der Organismus etwa mit dem Tollwutvirus Kontakt gehabt hat, bildet er spezifische Antikörper (Abwehrstoffe) gegen das Tollwutvirus. Diese Antikörper schützen einzig und allein gegen Tollwut. Sie passen zueinander wie der Schlüssel zum Schloß.

Welpen bekommen von der Mutter Antikörper mit. Bei normal gesäugten Tieren halten diese bis zur sechsten/neunten Woche an. Die Impfungen werden im Welpenalter wiederholt. Die Immunität braucht eine gewisse Zeit, bis sie belastbar ist; in der Regel drei Wochen. Sie hält ca. ein Jahr an.

Impfungen für Hunde

Gegen welche Krankheiten soll geimpft werden?

1. *Staupe* (auch Carré'sche Krankheit, engl.: Distemper, fr.: Maladie de Carré genannt): Virusbedingte Erkrankungen verschiedener Organe: Katarrh der Schleimhäute von Nase, Augen, Lunge, Darm. Auch das Zentralnervensystem kann betroffen sein. Eine besonders böse Form ist die Hartballenkrankheit (Hard Pad Disease).

2. *Hepatitis:* Infektiöse Leberentzündung; virusbedingte Erkrankung der Leber.

3. *Leptospirose:* Stuttgarter Hundeseuche. Weil'sche Krankheit. Bakteriell bedingte Erkrankung mit Krankheitserscheinungen in verschiedenen Organen.

4. *Zwingerhusten* (engl.: Kennel Cough): Virale Erkrankungen der oberen Luftwege, kann bei ungeimpften Tieren bei Aufenthalten in Tierheimen oder Krankenhäusern auftreten.

5. *Parvovirose:* Katzenseuche. Virale Erkrankung des Darmes und (oder) des Herzmuskels. Da es sich um eine relativ neue Erkrankung handelt, ist der Durchseuchungsgrad (d. h. die natürliche Abwehr der Individuen) nicht so stark ausgebildet.

6. *Tollwut* (engl. Rabies, fr. Rage): Virale Erkrankung des Nervensystems.

Wann sollen die Impfungen erfolgen?
Bei Welpen: 6.—9. Lebenswoche: Passive Impfung, hält ca. 20 Tage an.
7.—9. Lebenswoche: Aktive Impfung. Staupe. Hepatitis. Leptospirose. Parvovirose.
10.—12. Lebenswoche: Wiederholung der Erstimpfung.
Geimpft werden sollten nur gesunde Tiere.

Tollwut: Ab der zwölften Woche.

Wiederholung aller Impfungen: einmal jährlich

Vorschrift: Für die meisten Länder, auch für Österreicher bei Wiedereinreise: Gültige Tollwutimpfung — *nicht jünger als einen Monat, nicht älter als ein Jahr.*

Impfungen für Katzen

Allgemeines

Sicherlich ist die Katze — auf Grund ihrer besonderen Sensibilität auf Gemütseinflüsse — eines der von Krankheiten meistbedrohten Tiere. Uns Tierfreunden sei es gestattet, von einer seelisch beeinflußten Reaktionslage zu sprechen. Bei der Katze, wie bei keinem anderen Tier, bedingen seelische Zustände die Schwächung der körperlichen Abwehr. Es sind hauptsächlich virusbedingte Krankheiten, die diese geschwächte Abwehr überwinden und eine ernstliche Gefährdung für die Gesundheit des Tieres darstellen. Aufenthalte in Tierpensionen, längeres Entlaufensein, Ausstellungen usw. stellen für die Katze, die nicht daran gewöhnt ist, eine große Belastung dar.

Urlaub

Unsere Empfehlung: Wenn möglich, belassen Sie Ihre Katze in der gewohnten Umgebung und bitten Sie einen Nachbarn oder einen Verwandten, sie zu füttern. Falls diese Möglichkeit nicht gegeben ist, gibt es auch Katzensitterdienste, die sogar den Briefkasten entleeren und die Blumen wässern. Oder bringen Sie das Tier in einen ihm bekannten Haushalt. Wenn es nicht anders geht, dann sorgen Sie rechtzeitig für ein komplettes Impfprogramm, bevor das Tier in eine Pension gebracht wird.

Gegen welche Krankheiten soll geimpft werden?

Panleukopenie (Katzenseuche): Virale Erkrankung, die den Magen-Darm-Trakt betrifft.

Katzenschnupfen:

Erkrankung, die durch das Zusammenwirken einiger Erreger oder eines einzelnen (Rhinotracheitis, Calici oder Herpesvirusinfektion) entsteht.
Erscheinungen: Schnupfen. In großen Populationen sehr gefährlich.

Tollwut:

Viruserkrankung des Nervensystems.

FeLV:

Leukose. Viruserkrankung, bei der es zu einer Immunschwäche kommt und der Patient an einer Sekundärerkrankung verendet. Diese Erkrankung kann sowohl von der Mutter auf die Jungen vererbt sowie von Katze zu Katze übertragen werden. Es kann unter Umständen sehr lange dauern, bis diese Krankheit ausbricht. Siehe: Leukosetest und Fiptest auf der folgenden Seite.

FIP:
Feline infektiöse Peritonitis: Virusbedingte Erkrankung des Bauchfells und des Brustfells; noch keine Impfung erhältlich.

Leukosetest:
Anhand von Blut, Tränenflüssigkeit oder Speichelproben kann das Vorhandensein von Antikörpern gegen die FeLV nachgewiesen werden, d. h.: der Patient hat Kontakt mit dem Erreger gehabt — Infektion — Impfung.

Wann soll man impfen?

Katzenwelpen
Zwischen 5. bis 9. Woche passive Impfung. Wirkung nicht hundertprozentig. Der Schutz hält ca. drei Wochen an.
8.—10. Woche: Erste Impfung gegen Panleukopenie und Katzenschnupfen.
12.—14. Woche: Zweitimpfung gegen Panleukopenie und Katzenschnupfen.

FeLV-Leukose:
Erste Impfung um die neunte Lebenswoche. Zweite Impfung drei bis vier Wochen später.

Tollwut:
Ab der 12. Woche.

Erwachsene Tiere
Wiederholung der Impfungen ein Jahr nach der Grundimmunisierung. Alle Impfungen gehören jährlich wiederholt.

Würmer (Endoparasiten)

Grundsätzlich wird in der Medizin von einem Wirt-Parasiten-Gleichgewicht gesprochen, d. h. Parasiten sind erst sichtbar schädlich, wenn es zu einer Schwächung des Wirtes durch Krankheit oder schlechte Ernährung kommt. Dann erst nehmen die Parasiten überhand, und der Wirt ist geschädigt.

Woher kommen die Würmer?

Durch veterinärpolizeiliche Maßnahmen (Fleischbeschau) und durch die sehr strengen Qualitätsansprüche der Tiernahrungsindustrie ist das Risiko der Wurmerkrankungen wesentlich reduziert worden, trotzdem kann durch Verzehren von Mäusen und die Aufnahme von Wurmlarven eine Wurmerkrankung entstehen. Der Floh ist ein Überträger von Bandwürmern.

Vorsichtsmaßnahmen für den Menschen

Der Grad der Gefährdung des Menschen durch von Hund oder Katze übertragene Wurmerkrankungen hängt stark von den hygienischen Bedingungen ab. In Ländern mit mangelhaften hygienischen Verhältnissen ist die Gefährdung wesentlich größer. Prinzipiell sollte daran gedacht werden, daß die Gewohnheiten der Tiere einfach andere sind als die des Menschen. Reviere werden durch Kot oder Harn markiert und abgegrenzt. Das Beschnuppern dieser Reviere gehört zum Leben von Hund und Katze, daher sollte schon aus rein hygienischen Erwägungen der Mundkontakt vermieden werden. Regelmäßiges Entwurmen, artgerechte und unbedenkliche Ernährung sowie entsprechende Hygiene haben in unseren Breiten das Risiko stark reduziert.

Trächtige Hündinnen

Da die Trächtigkeit, Geburt und Aufzucht der Welpen eine starke Belastung für das Tier darstellen und die Welpen schon im Mutterleib (später auch durch die Muttermilch) infiziert werden können, sollte bereits vor und während der Trächtigkeit das Muttertier ein- bis zweimal entwurmt werden.
Eine Welpenentwurmung erfolgt stets in Absprache mit dem Tierarzt.

Welche Wurmmittel?

Es gibt eine Vielzahl gut wirkender Wurmmittel. Der wesentliche Unterschied besteht in ihrem Wirkungsspektrum, d. h. welche Wurmarten sie angreifen. Im allgemeinen sind Breitspektrum-Wurmmittel zu empfehlen. Um gezielt behandeln zu können, ist eine exakte Diagnose durch den Tierarzt erforderlich.

Haut und Haare

Erkrankungen von Haut und Haar gehören zu den häufigsten Problemen unserer Heimtiere. Die Haut ist unsere größte Kontaktfläche zur Außenwelt und reagiert auch auf Störungen des Körperinneren.
Es gibt eine große Anzahl von Erkrankungen, die hier nicht einzeln besprochen werden können. Wir wollen nur auf das eingehen, was vom Laien gemacht werden kann, um das Auftreten solcher Erkrankungen zu vermeiden oder die Besserung schon vorhandener zu beschleunigen.
Wir sind sicher, daß die in den letzten Jahren auftretenden Umweltbelastungen einen wesentlichen Anteil an den immer häufigeren Hautproblemen haben. Die nicht mehr vorhandenen klar definierten Jahreszeiten sind ein Beispiel. Wenn der Mensch nicht mehr weiß, ob er den Sommer- oder den Wintermantel braucht, wie sollen es daher unsere Tiere wissen. Daher zieht sich der Haarwechsel oft über das ganze Jahr.

Ernährung

Artgerechte Ernährung ist die Grundlage für ein langes und gesundes Leben unserer Heimtiere. Einseitige (z. B. nur fleischhältige) Ernährung, Mangel an gewissen Aminosäuren bei der Katze, übermäßige Gaben von Fett usw. können die Ursachen von Erkrankungen sein. Hier liegt einer der großen Vorteile der Fertignahrung von renommierten Erzeugern. Wissenschaftlerteams, die mit den Ernährungsanforderungen von Hund und Katze vertraut sind, stellen optimale Rezepturen zusammen. Durch die Homogenität des Produktes fällt die ausschließliche Selektion der Fleischstücke aus. Besonders bei Katzen werden essentielle Aminosäuren zugeführt. Bei der Behandlung wird Diätfutter angeboten, das der speziellen Situation angepaßt ist.

Allgemeines zur Ernährung:
Wenn Sie keine Fertignahrung füttern, müssen Sie sorgfältig auf die ausgewogene Zusammensetzung der täglichen Ration achten. Ziehen Sie helles Fleisch (z. B. Huhn, Kalb, Fisch, Muskelfleisch, keine Innereien) dünkleren Sorten vor. Reduzieren Sie die Eiweißmenge zugunsten des Beifutters (Flocken, Reis oder Nudeln). Eventuelle Gaben von Bierhefe bis zu einem Eßlöffel täglich. Bierhefe enthält die Vitamine aus dem B-Komplex bis auf Vitamin B 12.
Gaben von Distelöl, Weizenkeimöl bis zu einem Kaffeelöffel täglich. Die mehrfach ungesättigten Fettsäuren sind wichtig für die Haut.

Ernährung im Krankheitsfall (Diätetik)

Für eine Reihe von Krankheitsbildern kann eine speziell auf die Situation abgestimmte Ernährung erforderlich sein. Dazu gehören Erkrankungen des Verdauungstraktes, der Nieren, des Herzens und der Haut. Ihr Tierarzt wird Sie entsprechend beraten, auch was den Einsatz von speziell auf diese Krankheitszustände abgestimmtem Diät-Fertigfutter betrifft.

Pflege

Parasitenbekämpfung:

Der häufigste Parasit ist der Floh. Bei auftretendem Juckreiz soll man daran denken, daß ein einziger Floh genügt, um Juckreiz auszulösen. Beim Bekämpfen der Flöhe nicht vergessen, daß deren Larven in Bodenritzen und Teppichen leben. Heute gibt es sichere und ungefährliche Methoden, um auch diese zu bekämpfen. Fragen Sie auch hier Ihren Tierarzt.

Bürsten:

Das Bürsten gehört nicht nur zur Schönheitspflege, sondern soll unseren Tieren auch helfen, die abzustoßenden Haare loszuwerden. Es passiert sehr häufig, daß bei Patienten im Sommer noch die dichte Unterwolle des Winters nachzuweisen ist. Es ist logisch, daß da dann der Hund Juckreiz bekommt.

Baden:

Baden hilft sehr starke Verschmutzungen zu entfernen. Zu häufiges Baden (mit ungeeigneten Shampoos) zerstört den natürlichen Säuremantel der Haut und fördert das Auftreten von Hauterkrankungen. Das gleiche gilt für die Verwendung von Trockenshampoos.

Übler Hautgeruch:

Wenn keine spezifische Erkrankung vorliegt, kann ein übler dumpfer Hautgeruch nach dem Baden in Seen oder Flüssen auftreten.

Erste Hilfe:
Vorsicht! Das Tier kann infolge Schocks seinen Besitzer beim Versuch einer Ersten Hilfe verletzen.

Wunden
Die natürliche Reaktion des Körpers ist die Bildung eines Wundsekrets zur natürlichen Reinigung der Wunde. Dieses Sekret ist eiweißhältig. Eiweiß und Haare verkleben sehr stark. Wenn man dieser Mischung noch Puder beimischt, entsteht fast Pappmaché. Deshalb bei jeder Wunde sofort Haare entfernen und nur, wenn nichts anderes vorhanden, Wundpuder verwenden. Flüssige Desinfektionsmittel sollten bevorzugt werden. Wenn man auf die Schenkeln der Schere einen Tropfen Öl gibt, verhindert man, daß Haare in die Wunde fallen.

Käsepappeltee
ist zweifellos das optimale Mittel zur Reinigung und Beschleunigung der Abheilung von Wunden. So warm wie möglich verwenden.
Abfluß aus der Wunde sichern, eine Wunde soll von innen her abheilen. Durch zu schnell verklebte Hautöffnungen können unangenehme Abszesse entstehen.

Wunde:
Haare entfernen, flüssige Desinfektionen, baden mit Käsepappeltee.

Knochenbrüche:
Charakteristisch für den Knochenbruch ist die abnorme Beweglichkeit. Um entsprechende Ruhigstellung zu gewährleisten, muß der Verband die Bruchstelle überbrücken und auch das nächstliegende Gelenk mit einbeziehen. Bevor Sie einen *schlechten* Verband anlegen, legen Sie lieber keinen an. Auf jeden Fall sollte die Bruchstelle sowenig wie möglich bewegt werden. Am schonendsten wird das Tier auf einer Decke transportiert.

Blutungen
Bei wirklich starken Blutungen (Blut spritzt im Strahl) ist es zweckmäßig, herzwärts von der Wunde das blutende Gefäß mit einem Tuch oder Schlauch abzubinden. Der Tierarzt ist unverzüglich aufzusuchen.

Hitzschlag
Patient an einen schattigen Platz bringen und mit eiskaltem Wasser anspritzen. Kreislaufmittel geben, ebenso Kaffee.

Schußverletzungen

Wie eine Wunde behandeln, bitte nicht selber nach Projektilen suchen.

Schlangenbiß

Herzwärts abbinden verhindert eine Ausbreitung des Giftes im Körper. Wenn Schlange bekannt, dem behandelnden Arzt mitteilen. In Unfallkrankenhäusern gibt es Listen über das Vorhandensein von Antisera.

Vergiftungen

Schleichende Vergiftungen, länger dauernder Kontakt mit kleineren Mengen einer toxisch wirkenden Substanz sind immer schwerer und gefährlicher als massiver Kontakt.

Rattengift

Heutzutage meistens ein Blutgerinnungshemmer, schwere Blutungen in der Blase und unter der Haut. Erste Hilfe: Tierkohle und Vitamin K.

Zimmerpflanzen

Vergiftung hauptsächlich bei Katzen. Sie nehmen gerne pflanzliche Fasern auf, um das Auswerfen der heruntergeschluckten Haare zu fördern. Dabei können auch giftige Zimmerpflanzen angeknabbert werden. Meistens ist das erste Zeichen einer Vergiftung das Auftreten von unstillbaren Durchfällen.

Was tun bei Vergiftungen?

Das einzige universell einzusetzende Mittel bei Vergiftungen ist die Tierkohle (Carbo Animalis), von der man im Grund nie zuviel geben kann. Vier bis fünf Tabletten bei einer Katze und je nach Größe beim Hund zehn oder mehr sind Mindestgaben. Wasser oder Milch könnten unter Umständen die Resorption der Giftsubstanz fördern.

Sexualleben der Katzen

Die Katze

Erste Rolligkeit:

Zwischen siebentem und elftem Lebensmonat. Schwankungen bedingt durch Rasse und Jahreszeit, in der die Geschlechtsreife zu erwarten ist. Die lichtarme Jahreszeit verzögert, die lichtreiche beschleunigt das Auftreten der Rolligkeit.

Rolligkeit:

Ankündigung der Paarungsbereitschaft. Das Tier ändert sein Verhalten, kann mit dem Harn seine Paarungsbereitschaftsdüfte verteilen. Klagendes, anhaltendes Miauen. Die Katze legt die Brust an den Boden und hebt das Hinterteil, schlägt heftig mit der stark erhobenen Rute und rollt sich über den Rücken. Sie kann auch die Nahrungsaufnahme verweigern.
Ideales Belegungsalter:
ca. 14 bis 18 Monate.
Dauer der Trächtigkeit:
ca. neun Wochen.
Ideales Alter zur Kastration:
Mindestens zweite Rolligkeit, da immer bei allen Säugern die Pubertät vor der körperlichen Reife auftritt.

Die Pille

Zur Verhinderung der Rolligkeit werden der Katze Pillen oder Injektionen gegeben. Deren Einsatz ist aber nicht ungefährlich. Es besteht die Gefahr einer Gebärmuttererkrankung. Die ungefährlichste Methode ist die Kastration.

Der Kater

Geschlechtsreife wie bei Katzen.

Kastration:

Nicht nur aus Verantwortungsgefühl, sondern auch, weil der Kater sein Gebiet mit intensiv riechendem Harn markiert. Optimales Alter zwischen dem achten bis zwölften Lebensmonat.

Das Sexualleben des Hundes

Hündin

Erste Läufigkeit zwischen dem 7. und 9. Monat. Auftreten durch die Rasse und die Jahreszeit beeinflußt.

Läufigkeit:

Änderung des Verhaltens, häufigerer Harnabsatz, Anschwellen des äußeren Geschlechtsteils. Aus der angeschwollenen Vagina tritt eine blutige Flüssigkeit heraus. Der Geruch der Hündin lockt in dieser Zeit die Rüden an. Die Hündin neigt zum Streunen und rennt den Rüden entgegen.

Stehtage:

Darunter versteht man die Tage, in denen die Hündin paarungsbereit ist. Dies ist ca. 9—13 Tage nach Beginn der Läufigkeit der Fall. Rasseabhängige Unterschiede sind möglich.

Dauer der Läufigkeit:

Drei Wochen.

Optimales Belegungsalter:

Ab dem 15. Lebensmonat, wird auch von den Zuchtvereinen je nach Rasse vorgeschrieben.

Dauer der Trächtigkeit:

ca. 9 Wochen.

Optimales Alter zur Kastration:

nach der zweiten Läufigkeit.

Kastration

ist die ungefährlichste und auch sicherte Methode zur Brunstverhinderung. Kastrierte Hündinnen haben eine höhere Lebenserwartung, weil durch die Kastration das Auftreten von Scheinträchtigkeit und deren Folgen sowie die sehr häufigim Alter auftretenden Gebärmuttererkrankungen verhindert werden.

Scheinträchtigkeit
Tritt meistens 6—8 Wochen nach Ende der Läufigkeit auf. Es handelt sich um eine hormonelle Störung, die eine psychische Störung bedingt. Die Hündin bildet sich ein, Junge zu haben, und produziert Milch, um diese zu stillen. Sie verwendet als Kindersatz Puppen, Knochen, ihre eigene Decke — es ist ein beständiger Kreislauf; die Milchproduktion verstärkt die psychischen Erscheinungen, und diese regen ihrerseits die Milchproduktion an.

Behandlung:
Alle Spielsachen, Decken und sonstigen Welpenersatz entfernen. Das Gesäuge sollte mehrmals täglich mit eiskaltem Wasser abgeduscht werden. Die Milchreste im Gesäuge begünstigen die Ausbildung von Tumoren. Eventuelle Verhärtungen mit Topfenumschlägen, essigsaurer Tonerde oder Salben (vom Tierarzt verschrieben) behandeln.

Die Pille:
Der dauernde Gebrauch von Pillen oder Injektionen zur Verhinderung der Läufigkeit ist gefährlich: eine Gebärmuttereiterung droht.

Die Gebärmutterentzündung:
Erkrankung der Hündin, bei der es nach einer meist klinisch nicht manifesten Entzündung der Innenauskleidung der Gebärmutter zu deren Füllung mit Eiter kommt. Die Gebärmutter kann bis zu fünf Liter Eiter enthalten. Typisch sind eine vorangegangene Störung der Läufigkeit, vermehrter Durst, Umfangvermehrung und ein schmutzig-blutiger, gelb-bräunlicher Ausfluß.
Behandlung: Sobald wie möglich operieren.

Der Rüde

Geschlechtsreif:
Zwischen sieben und neun Monaten.

Die Hoden sollten ab der sechsten Woche im Hodensack sein. Sich nicht im Hodensack befindende Hoden bedeuten nicht nur eine Minderung des Wertes. Ein Hund mit verlagerten Hoden ist zwar zeugungsfähig, sollte aber nicht zur Zucht zugelassen werden, da die Eigenschaft vererbbar ist. Für den verlagerten Hoden besteht immer auch die Gefahr der krebsigen Entartung (Hodentumor).

Register

Hund

Katze

Vögel

Kleine Hausgenossen

Pferde